GR Pa

Vallées cévenoles

GR de Pays : Tour du Pays Viganais : 61,5 km
GR de Pays : Tour de la Haute Vallée Borgne : 56 km
GR de Pays : Tour de la vallée du Galeizon : 70,5 km
GR de Pays : Tour de la Haute Vallée de la Cèze : 51 km
GR de Pays : Tour de la Haute Vallée du Luech : 45 km

Fédération Française de la Randonnée Pédestre

association reconnue d'utilité publique
9, rue Geoffroy-Marie
75009 PARIS

"La can" de l'Hospitalet, vue vers le Sud sur le mont Aigoual. *Photo F. de Richemond.*

Sommaire

4   Tableau des ressources
5   Idées Rando
7   Infos pratiques
7   Réalisation
15 La région traversée
19 Le Parc national des Cévennes

Les itinéraires

23 Tour du Pays Viganais
35 Tour de la Haute Vallée Borgne
51 Tour de la vallée du Galeizon
71 Tour de la Haute Vallée de la Cèze
81 Tour de la Haute Vallée du Luech

Découverte

24 Le Causse de Blandas
28 Le Vigan et son environnement
32 *Moches* et pommes de terres *en flèque*
33 Le musée cévenol du Vigan
36 Saint-Flour du Pompidou
37 Les crues cévenoles
40 La corniche des Cévennes
40 Sonnaille de draille
41 Les drailles
44 Saint-Marcel de Fontfouillouse
45 Le Castellas de Saint-André-de-Valborgne
48 Les camisards
49 Guerre des Camisards
54 Préhistoire
55 Les terrasses
58 La légende de la Vieille Morte
64 Châtaigneraies
68 Protestantisme et monde cévenol
72 Les églises romanes de la Haute Cèze
73 Bonnevaux et l'art roman cévenol
84 Vialas
84 Le guérisseur de Vialas

88 Index des noms de lieux

Couverture : Hameau de Ventilhac dans le vallon de Valnierette. *Photo F. de Richemond.*

Tableau des ressources

km	LOCALITÉS	Pages	Gîte d'étape	Hôtel	Chambre d'hôte	Camping	Ravitaillement	Restaurant	Car	Gare SNCF
	TOUR DU PAYS VIGANAIS									
	MONTDARDIER	23	•							
13	BEZ ET ESPARON	23		•						
12	BRÉAU ET SALAGOSSE	23	•							
21	CAP DE COTE	27	•							
9,5	LE VIGAN	31	•	•			•	•	•	•
2	AVEZE	31		•				•		
	TOUR DE LA HTE VALLÉE BORGNE									
	ROBIGÈS	35	•							
4	SAINT-ANDRÉ DE VALBORGNE	35		•			•	•		
12	LE POMPIDOU	39				•	•	•		
13,5	MARQUAIRES (hors GR)	39	•							
13	AIRE DE COTE	43	•							
8	FAVEYROLLE	43	•							
4,5	LES PLANTIERS (hors GR)	47	•	•				•		
12	AUZILLARGUES (variante)	47	•							
	TOUR DU GALEIZON									
	LA BAUME	51	•							
11,5	PETIT COL (hors GR, 5 KM : MIALET)	51	•		•	•	•	•		
5,5	CAMPMAU (hors GR)	53	•							
18,5	LE PRADEL (hors GR)	57	•		•					
1	PETIT COL (hors GR, 3,5 KM : AYRES)	61	•							
2	PENDÉDIS	61			•			•		
9,5	COL DE LA BARAQUE	63			•			•		
6	LES APPENETS (hors GR)	63	•							
11,5	CENDRAS	67					•	•	•	•
	TOUR DE LA VALLÉE DE LA CÈZE									
	AUJAC	71	•							
18,5	PONTEILS	75	•							
8	AUJAC	75-79	•							
4,5	SENECHAS	77	•							
4	CHAMBON (hors GR)	77	•							
	TOUR DE LA HTE VALLÉE DE LUECH									
	CHAMBORIGAUD	81		•			•	•	•	•
5	LEGAL	81	•		•			•		
7	VIALAS	81	•	•			•	•	•	
15	LES BASTIDES (hors GR)	83	•	•				•		
9	CASTAGNOLS	87	•							
5	FIGEROLLE (hors GR)	87	•							

Idées rando

Un jour

Aujac - Aujac, 24 km.
voir pp. 71-75 (Tour de la Cèze).

Deux jours

1. Robigès - Aire de Cote, 16,5 km.
voir pp. 43.
2. Aire de Cote - Robigès, 18,5 km.
voir pp. 43-47 (Vallée Borgne).

Trois jours

1. Chamborigaud - Vialas, 12 km.
2. Vialas - Castagnols, 22 km.
3. Castagnols - Chamborigaud, 14 km.
Voir pp. 81-87 (Tour du Luech).

Trois jours

1. La Baume - Campmau, 17 km.
2. Campmau - Les Appenets, 16,5 km.
3. Les Appenets - La Baume, 21,5 km.
Voir pp. 51-53, 63-67 (Tour du Galeizon).

La Fédération Française de la Randonnée Pédestre

c'est aussi...

 1600 clubs et associations prêts à vous faire découvrir la France par les sentiers balisés.
Leurs animateurs passionnés sauront vous guider sur les plus beaux chemins de votre région.
Ces associations proposent des sorties programmées «à la carte» toute l'année. C'est un lieu de rencontre où l'on peut randonner comme on aime et en toute sécurité grâce à la licence FFRP.
Elles participent à l'entretien et à l'aménagement des chemins.

 Le 3615 RANDO (2,23 F/mn) pour connaître :
• les associations proches de chez vous,
• les randonnées prévues dans les régions,
• la mise à jour des topo-guides,
• les petites annonces.

 Le Centre d'information Sentiers et Randonnée :
• des conseils pour organiser vos randonnées,
• des informations sur les associations FFRP en France.

Centre d'Information Sentiers et Randonnée
64, rue de Gergovie 75014 PARIS
Tél. : (16-1) 45 45 31 02

 **F**édération **F**rançaise de la **R**andonnée **P**édestre

Infos pratiques

Le guide et son utilisation

La description des itinéraires est présentée en regard de la reproduction de la carte IGN au 1 : 50 000 correspondante où le tracé du sentier est porté en rouge.

En règle générale, les cartes sont orientées Nord-Sud (le Nord étant donc en haut de la carte). Dans le cas contaire, la direction du Nord est indiquée par une flèche en rouge.

Sur les cartes et dans la description des itinéraires, à côté de certains points de passage, sont mentionnés des repères ; ils permettent de situer ces lieux avec plus de précision.
Un plan de situation général permettant de visualiser les itinéraires est présenté dans le rabat de la couverture. Un tableau (p. 4) recense une grande partie des ressources : ravitaillement, restaurant, transports, etc…

Temps de parcours

Les temps de marche indiqués dans ce guide correspondent à une marche effective d'un marcheur moyen, sans pause ni arrêt. La vitesse moyenne est d'environ 4 km / h.
Sur un parcours comportant un déni-velé important, le calcul est différent : à la montée 250 à 300 m par heure, à la descente 300 à 400 m par heure.
Chacun adaptera son rythme en fonction de son chargement, de la météo…

Réalisation

L'édition de ce topoguide a pu être réalisé grâce à l'aide financière des Conseils généraux du Gard et de la Lozère.
La recherche des itinéraires, leur débroussaillage et leur balisage ont été réalisés par les membres bénévoles des Comités départementaux de la randonnée pédestre du Gard et de la Lozère sous la direction d'E. Bosc (CDRP 30) et d'A. Bastide (CDRP 48) :
- GRP 1 : Tour du Viganais : P. Garivier et L. Teulon.
- GRP 2 : Tour de la Haute Vallée Borgne : J. Lichère, J. Lansen et J.-P. Boyer.
- GRP 3 : Tour du Galeizon :P. Mazière et P. Charpiot.
- GRP 4 : Tour de la Haute vallée de la Cèze : J. Lichère, C. Sermèas et J. M. Coustes.
- GRP 5 : Tour de la Haute Vallée de Luech : E. et A. Bastide.
La coordination de la rédaction de ce topo-guide a été confiée à J. Burel.

Balisage et itinéraire

La description du parcours faite dans ce topo-guide correspond au balisage sur le terrain. Toutefois, dans le cas de modifications (rendues nécessaires par l'exploitation agricole ou forestière, le remembrement, les travaux routiers, etc.), il faut suivre le nouveau balisage même s'il ne correspond plus à la description.

Ces modifications, quand elles ont une certaine importance, sont publiées sur le minitel *3615 RANDO*. Elles sont également disponibles, sur demande, au Centre d'informations *Sentiers et randonnée* (voir « Adresses utiles »).

Les balisages et les descriptions d'itinéraires n'ont pour objet que de faciliter aux utilisateurs le repérage sur le terrain et le choix d'un itinéraire intéressant. Mais c'est au randonneur d'apprécier ses capacités physiques compte tenu des conditions du moment (intempéries, état du sol...) et de la description faite dans le topo-guide.

Les renseignements fournis dans ce topo-guide, exacts au moment de l'édition de l'ouvrage, n'ont qu'une valeur indicative et n'engagent en aucune manière la responsabilité de la FFRP.

Le randonneur parcourt l'itinéraire à ses risques et périls. Il reste seul responsable, non seulement des accidents dont il pourrait être victime, mais des dommages qu'il pourrait causer à autrui tels que feux de forêts, pollutions, dégradations...

Certains itinéraires utilisent des voies privées : le passage n'a été autorisé par le propriétaire que pour la randonnée pédestre exclusivement.

Balisage en zone centrale du Parc national des Cévennes

Les Parcs nationnaux de france adoptent une nouvelle norme pour signaler les sentiers, gîtes d'étape et lieux dits.

Les panneaux sont désormais de couleur jaune avec des liserets verts.

Entre chaque panneau , le balisage blanc et rouge traditionnel des GR est maintenu.

Vous cherchez votre chemin, cherchez le signal jaune.

> Le randonneur a intérêt a être bien assuré. La FFRP et ses associations délivrent une licence incluant une telle assurance.

Equipement et période conseillée

Il est conseillé de lire le *guide pratique du randonneur* (éd. FFRP) qui contient de nombreux renseignements utiles. Il est notamment conseillé de se munir de bonnes chaussures de marche montantes et étanches, de vêtements chauds et de pluie, ainsi que de prévoir des provisions de sécurité et une trousse de secours.

Ces itinéraires sont praticables en toute saison, toutefois, la meilleure époque pour randonner est celle des paysages colorés de septembre-octobre.

Il convient de rappeler que les étés sont chauds et secs avec des orages subits et que les hivers peuvent être rigoureux (attention brouillard possible).

Recommandations

Ces itinéraires sont situés dans la zone du Parc national des Cévennes (zone centrale et périphérique). Tenir compte de la réglementation en vigueur notamment dans la zone centrale du Parc.

Il convient donc de respecter le milieu traversé, de refermer les éventuelles clôtures, de tenir les chiens en laisse, de ne pas faire de feux, de ne pas camper hors des campings sans autorisation, de ne pas abandonner de détritus, de ne pas dégrader la végétation et de suivre impérativement les chemins balisés.

Cartographie

Bien que le tracé soit porté sur sur des extraits de carte au 1 : 50 000 de l'Institut Géographique Nationnal, les cartes suivantes peuvent être utiles :
• Cartes IGN au 1 : 25 000 : 2641 E, 2641 ET, 2739 OT, 2740 ET, 2741 ET, 2839 O, 2840 O.
• Cartes IGN au 1 : 100 000 n° 58, 59, 65, 66.
• Carte Michelin n° 80.

La FFRP ne vend pas de cartes. Pour les cartes IGN, s'adresser à l'Institut géographique national, *Espace IGN*, 107, rue de la Boétie, 75008 Paris, tél. 43 98 85 00, ou aux agents de vente régionaux de l'IGN, ainsi que dans les librairies et les papeteries figurant sur la liste dressée par l'IGN.

Le système de numérotation téléphonique changeant à partir du mois d'octobre 1996, tous les numéros devront être précédés du 04.

Accès aux itinéraires

Tour du Viganais

• Gares SNCF les plus proches : Nîmes, Montpellier.

• Autocars :

- Nîmes :
Autocar Cariane : 66 38 13 98.
Autocar Coulet : 67 81 00 71.
- Montpellier : gare routière de Montpellier tél. 67 92 01 43.
Courriers du Midi : 67 92 05 00.

Tour de la Haute Vallée Borgne

• Gare SNCF la plus proche : Alès.

• Autocars :

- Nîmes : gare routière de Nîmes, tél. 66 29 52 00.

- Alès : gare routière, tél. 66 30 24 86. Compagnie Fort depuis Alès et Nîmes pour Saint-André de Valborgne, tél. 66 85 12 48.

Tour du Galeizon

• Gare SNCF la plus proche : Alès.
• Autocar :
- Alès : gare routière, tél. 66 30 24 86. Compagnie Cévennes Voyages depuis Alès pour Cendras, tél. 66 34 08 46.

Tour de la Haute Vallée de la Cèze

• Gares SNCF les plus proches : Alès, Genolhac (ligne Nîmes-Clermont Ferrand), Bessèges.

Tour de la Vallée du Luech

Gare SNCF la plus proche : Chamborigaud (ligne Nîmes-Clermont Ferrand).

Hébergements

Tour du Pays Viganais

• Montdardier (30120)
Gîte d'étape (18 places), mairie, tél. 67 81 52 46.

• Bez et Esparon (30120)
Hôtel du Lion d'Or, tél. 67 81 07 55.

• Bréau et Salagosse (30120)
Gîte d'étape (10 places), mairie, tél. 67 81 02 16.

• Cap de Côte (30120)
Gîte d'étape, M. Vivier, tél. 67 81 94 47 et 67 81 22 22.

• Le Vigan (30120)
Gîte d'étape (12 places), mairie du Vigan, tél. 67 81 01 72.
Centrale de réservation pour hôtels (2), tél. 67 81 01 72.

Tour de la Haute Vallée Borgne

• Robigès (30940 Saint-André-de-Valborgne)
Gîte d'étape (19 places), M. Roche, tél. 66 60 31 27.

• Saint-André-de-Valborgne (30940)
Hôtel La Vallée, tél. 66 60 32 90.
Hôtel Bourgade (saison), tél. 66 60 30 72.

• Le Pompidou (30940 Saint-André-de-Valborgne)
Maison familiale, tél. 66 60 31 88.
Camping Bel Air, tél. 66 60 33 58.

• Col du Marquairès (48400 Bassurels), hors itinéraire
Gîte d'étape, M. Febvre, tél. 66 44 02 56.

• Aire de Côte (48400 Bassurels)
Gîte d'étape (50 places), M. Garcia, tél. 66 44 70 47.

• Faveyrolle (30122)
Gîte de groupe, Maison Clément, tél. 66 83 93 71.

• Les Plantiers (30122), hors itinéraire
Gîte d'étape (15 places), M. Durand, tél. 66 83 91 25. Hôtel-restaurant Valgrand, tél. 66 83 92 51.

• Auzillargues (30940 Saint-André-de-Valborgne), variante
Gîte d'étape, M. Ragot, tél. 66 60 32 33.

Tour du Galeizon

• La Baume (30480 Cendras)
Centre équestre Le Galeizon, 24 places, tél. 66 78 77 98.

• Mialet (30140), hors GR
Hôtel-restaurant Les Grottes de Trabuc, tél. 66 85 02 81.

• Campmau (30140 Mialet), hors itinéraire
Gîte, 20 places, M. Clément, tél. 66 55 60 64.

• Le Pradel (48370 Saint-Germain de Calberte)
Gîte 12 places, M. et Mme Bechard, tél. 66 45 92 46.

• Col de la Baraque (30110 Lamelouze)
Auberge de la Baraque, M. Guérin, tél. 66 34 57 29.

• Lamelouze (30110)
Gîte, 12 places, Mme Chabrol, Les Appenets, tél. 66 34 17 97.

Tour de la Haute Vallée de la Cèze

• Aujac (30450)
Hôtel-restaurant des Amis, tél. 66 61 13 12. Gîte d'étape 10 places.

• Ponteils et Bresis (30450)
Gîte d'étape, J-M Coustès, tél. 66 61 21 62.

• Le Chambon (30450), hors itinéraire
Gîte d'étape, 21 places, Mairie du Chambon, tél. 66 61 47 92.

Gîte de groupe, 10 places, M. Delcourt, Hameau de Tarabias, Sénéchas, tél. 66 61 15 04.

Tour de la Haute Vallée du Luech

• Chamborigaud (30530)
Hôtel-restaurant Les Cévennes, quartier de la plaine, M. et Mme Chomat, tél. 66 61 47 27.
Hôtel Les Quatre Saisons, quartier des quatre saisons, Mme Dédé, tél. 66 61 47 45.
Hôtel-restaurant Dumas-Munoz, quartier de la plaine, tél. 66 61 47 81.

• Légal (30530)
Gîte, M. Siber, tél. 66 61 47 98.

• Vialas (48220)
Gîte communal, 12 places, mairie, tél. 66 41 00 05.
Hôtel-restaurant Chantoiseau, M. et Mme Pagès, 66 41 00 02, fax 66 41 04 34.

• Les Bastides (48220 Saint-Maurice-de-Ventalon), hors itinéraire
Hôtel-restaurant La Croix de Berthel, tél. 66 45 81 35 ou 66 45 82 80.
Gîte, 25 places, Mme Dubois Marinette, tél. 66 45 81 25.

• Castagnols (48220 Vialas)
Gîte Gentiane, 25 places, M. Brochier, tél. 66 41 04 16.

• Figerolles (48220 Vialas), hors itinéraire
Gîte équestre, 18 places, M. et Mme Pouradier, tél. 66 41 02 65.

Adresses utiles

- Centre d'Information FFRP *Sentiers et Randonnée*, 64, rue de Gergovie, 75014 Paris, tél. 45 45 31 02.
- Comité régional FFRP (J.M. Brunet), Le Saint-Hubert, rue Petite-Roubeyrolle, 48000 Mende.
- Comité régional du tourisme Languedoc-Roussillon, 20, rue de la République, 34000 Montpellier, tél. 67 92 67 92.
- Comité départemental de la randonnée pédestre du Gard, 4, avenue de la Résistance 30270 Saint-Jean-du-Gard, tél. 66 85 17 94, fax 66 85 19 66.
- Comité départemental de la randonnée pédestre de Lozère, c/o A. Bastide, 14 boulevard H. Bourillon 48000 Mende, tél. 66 61 13 77, fax 66 61 23 42.
- Comité départemental du tourisme du Gard, 3 place des Arènes, 30011 Nîmes Cedex 66 21 02 51.

- Comité départemental du tourisme de Lozère, 14 boulevard H. Bourillon, 48000 Mende, tél. 66 65 60 00.
- Parc national des Cévennes, BP 15, 48400 Florac, tél. 66 49 53 01.
- Pays d'accueil Viganais, place Triaire, 30120 Le Vigan, tél. 67 81 01 72.
- Pays d'accueil Cévenol, 4 avenue de la Résistance, 30270 Saint-Jean-du-Gard, tél. 66 85 31 66.
- Observatoire du Mont Aigoual *(répondeur météo)*, tél. 67 82 62 12.
- Répondeur Météo France : tél. 36 68 02 30 ou 36 68 02 48.

- **Offices du Tourisme :**

- Saint-André-de-Valborgne, tél. 66 60 32 11.
- Le Vigan, tél. 67 81 01 72.
- Genolhac, tél. 66 61 18 32.
- Alès, tél. 66 52 32 15.

Bibliographie

Revue *Chemins*, numéro Spécial Cévennes.

Guide Vert, *Gorges du Tarn, Cévennes Bas Languedoc*, éd. Michelin.

Guide Bleus, *Languedoc -Roussillon*, éd. Hachette.

Brisebarre A.-M ; *Bergers des Cévennes*, éd. Berger-Levrault.

Chabrol J.-P., *Les fous de Dieu*, éd. Gallimard.

Chabrol J.-P., *Le Crève-Cévennes*, éd. Julliard.

Clément P., *Eglises romanes oubliées du Languedoc*, Presses du Languedoc.

Gord E. et G., *La Lozère, guide du touriste, du naturaliste et de l'archéologue*.

Joutard P., *Secrètes Cévennes*, col. Découvrir la France, éd. Larousse (n°70).

Joutard P., *Les Cévennes, de la montagne à l'homme*, éd. Privat.

Magos I., *Le guide des Cévennes*, La Manufacture.

Mouraret A. et S., *Gîtes et refuges*, éd. La Cadole.

Pagès, *Le Chantoiseau*, éd. Vialas.

Où dormir...

quand on a randonné, pédalé, escaladé, skié, pagayé toute la journée ?

Le guide **GÎTES D'ÉTAPE** et **REFUGES** propose 3 600 hébergements, par massifs et départements, le long d'itinéraires, dans toute la France et aux frontières. 7ᵉ édition. 110 F. En librairie.

3615 CADOLE présente aussi les 3600 hébergements et une bibliographie par activités, des adresses, des infos... 2,23 F la minute.

36 15 Cadole

Annick et Serge Mouraret

Gîtes d'étape Refuges

France et frontières

Randonnées
Alpinisme. Escalade. Ski.
Vélo. Canoë. Cheval.

3 600 hébergements
7ᵉ édition

GUIDES
LA CADOLE

GUIDES
LA CADOLE

A. et S. Mouraret
74, rue A. Perdreaux
78140 Vélizy
Tél. (1) 34.65.11.89.

3600 hébergements

La région traversée

Qu'il est malaisé de définir les Cévennes ! Si l'on en croit le *Larousse* (éd. 1952), il s'agit « de l'ensemble montagneux du Massif Central s'étendant des Sources de l'Hérault (Mont-Aigoual) à celles de l'Ardèche (Tanargue) ; on l'étend parfois à tout le rebord oriental du Massif Central, du Col de Naurouze aux Monts du Charolais ». La première définition est beaucoup plus restrictive que la deuxième : elle correspond au territoire qu'André Chamson appellera "La Cévenne des Cévennes".

C'est cette "Cévenne des Cévennes" que nous vous proposons de découvrir, à votre rythme, en effectuant le tour de cinq vallées cévenoles : ces vallées, appuyées sur les massifs granitiques du Mont-Lozère (au Nord) et du Mont-Aigoual (au Sud), sont orientées vers le Bassin Méditerranéen, longeant des contreforts schisteux, le schiste leur donnant un aspect austère, variant d'un gris anthracite à un vert profond.

La roche est un élément important du paysage cévenol car le regard la découvre souvent à nu : chaos de boules de granit, arêtes de schistes, plus rarement falaises de calcaire. Ces trois roches : granite, schiste et calcaire, véritables emblèmes de la "Cévenne des Cévennes", déterminent directement ou indirectement de nombreux aspects de la végétation, mais aussi de l'agriculture et de l'architecture.

D'une grande complexité, le réseau hydrographique répond d'une part à des influences climatiques variées (méditerranéenne au Sud-Est, atlantique au Nord-Ouest), et d'autre part aux différences d'écoulement crées par les trois roches principales. Quatre de nos vallées (Luech, Cèze, Galeizon et Gardon de Saint-Jean) se dirigent vers le bassin du Rhône, la cinquième (Arre) rejoignant la vallée de l'Hérault qui se jette directement dans la mer Méditerranée.

Pour beaucoup de visiteurs, les Cévennes sont le pays d'une histoire : celle de la révolte protestante contre le pouvoir royal ; pour les Cévenols, l'histoire religieuse constitue la référence identitaire essentielle.

Larriget. *Photo F. de Richemond.*

Les cinq itinéraires proposés dans ce topo-guide concernent tous des vallées cévenoles assez proches les unes des autres, mais chacun a sa particularité selon sa disposition géographique, son histoire (parfois très ancienne : nombreux vestiges préhistoriques), son développement économique passé ou actuel...

15

Du Vigan *(Tour du Pays Viganais)* à Vialas *(Tour du Luech)* en passant par Aujac *(Tour de la Haute Vallée de la Cèze)*, Cendras *(Tour du Galeizon)* et Saint-André-de-Valborgne *(Tour de la Haute Vallée Borgne)*, le randonneur découvrira la "Cévenne des Cévennes" et, de vallats en crêtes, pourra revivre, à son pas, la riche histoire de ce Pays cévenol.

« Que le voyageur s'attarde suffisamment dans chacun de nos petits mondes pour en deviner le mystère. Et qu'il parle avec les gens d'ici pour bien sentir l'unité de l'homme à travers les variations de la nature.

Qui regarde seulement le ciel et la terre ne devine rien qui puisse rester en lui et devenir connaissance vivante et féconde, mais qui parle en marchant avec les hommes qu'il croise sur son chemin peut apprendre les secrets les mieux cachés des paysages… »

André Chamson.

Ci-dessus : Château du Chaylard.
Page de droite : Transhumance.
Photos F. de Richemond.

Ci-dessus : Faïsses plantées de muriers.
Ci-contre : Escalier dans une faïsse.
Photos F. de Richemond.

Le Parc national des Cévennes

Une réserve mondiale de biosphère

Le Parc national des Cévennes, imaginé par les Cévenols dès 1913, ne fut officiellement créé qu'en 1970. De tous les Parcs nationaux français, il est le seul à être implanté en moyenne montagne, et à abriter de ce fait une population permanente significative : 40 000 personnes habitent sa zone périphérique et près de 600 sa zone centrale de conservation, agriculteurs et éleveurs essentiellement, qui vivent sur ces hautes terres de plus de 1 000 m d'altitude moyenne, balcons de la Méditerranée, du Mont-Lozère au Mont-Aigoual, du bord des grands causses aux vallées cévenoles.

Photo F. de Richemond.

Cette particularité de parc national habité lui donne une mission que n'ont pas nécessairement les autres parcs nationaux, à savoir la recherche des conditions d'un éco-développement soucieux de la protection du patrimoine naturel et culturel. Ce dernier se doit de respecter les grands équilibres, et d'assurer la pérennité des activités agro-pastorales, nécessaires au maintien des milieux ouverts (37 % de la zone de conservation), constamment menacés par l'envahissement naturel de la forêt (63 %). Cet équilibre dynamique contribue au développement de la biodiversité et de la qualité des paysages.

Le caractère exceptionnel de ces sites humanisés, l'équilibre particulier entre l'homme et la nature entretenu depuis des siècles par des générations de Cévenols, ainsi que le souci d'associer protection et développement, ont valu au Parc national des Cévennes la distinction de "Réserve mondiale de biosphère", décernée en 1985 par l'UNESCO (Programme "Man and biosphère").

La richesse de la flore (1656 espèces, intégrant mêmes certains types subarctiques ou subtropicaux secs) est favorisée par la diversité de ses climats (océanique, continental et méditerranéen), de ses sols (granitique, calcaire ou schisteux) et de l'altitude de la zone protégée (de 378 à 1 699 m).

La variété des biotopes (milieux forestiers, landes, steppes et pelouses, milieux secs ou humides...) favorise la présence d'une faune variée, depuis le monde discret mais fabuleux des insectes, jusqu'à celui plus spectaculaire des vertébrés où l'on retrouve la grande majorité des espèces européennes occidentales.

Faïsse et murier. Photo F. de Richemond.

19

Passerelle des Cascades d'Orgon.
Photo F. de Richemond.

part, à la protection de biotopes ayant permis ultérieurement une recolonisation naturelle par certaines espèces prestigieuses (loutre, pic noir, chouette de Tengmalm, percnoptère, grenouille rieuse, etc.).

Sentiers d'interprétation, visites guidées, conférences audiovisuelles, centres d'information, 1 800 km d'itinéraires de promenade ou de randonnée balisés, écomusées, guides spécialisés offrent une approche personnalisée d'un espace protégé si différent des autres... Cette originalité tient à la présence des générations d'hommes qui y ont

Haute Vallée de l'Hérault. La montagne cévenole en automne. *Photo F. de Richemond.*

Rapaces, mustélidés et cheiroptères y sont particulièrement bien représentés. L'extension des populations de cervidés menaçant l'équilibre de la forêt et les dégâts de sangliers dans certaines exploitations agricoles, rendent nécessaire en l'absence de leurs prédateurs naturels (loups, ours), leur régulation par des dispositifs cynégétiques.

Faire aimer, découvrir et respecter un environnement exceptionnel...

C'est en Europe une des régions qui a connu un enrichissement biologique parmi les plus forts depuis une vingtaine d'années, grâce d'une part à diverses réintroductions menées par le Parc national (vautour fauve et vautour moine, castor, cerf, chevreuil, mouflon, grand-tétras, écrevisse à patte blanche) et d'autre

vécu, bâti, aimé et souffert, léguant un précieux héritage historique, architectural, culturel et naturel, qu'il faut découvrir patiemment pour en apprécier toute l'âme...

Voilà toute la complexité de ce Parc national, qui, de par sa "nature", va bien au-delà d'une simple zone de protection de la faune, de la flore, ou de paysages exceptionnels... !

Itinéraires et sentiers pédestres

Découvrir à pied les Cévennes est sans doute la meilleure façon d'aborder un pays où l'ampleur du réseau des chemins et des "drailles" – les voies de transhumance – comme le développement des aménagements culturaux et des bâtisses de pierres sèches, témoignent du long travail de l'homme. Quatre grands circuits se partagent l'espace : le *Tour de l'Aigoual (GR 66)*, le *Tour en Pays cévenol (GR 67)*, le *Tour du mont Lozère (GR 68)* et le *Tour du Causse Méjean (GR de Pays)* que traversent en outre des itinéraires linéaires (GR 7-71-72, GR 6-60-62, GR 43 et GR 44). Sur tous ces itinéraires, un réseau de gîtes et d'hébergements a été mis en place chez les particuliers, des bâtiments communaux ou associatifs ou aménagés par le Parc national. Une fiche, réactualisée chaque année, peut vous être adressée à la demande. En outre, vous pouvez parcourir les sentiers de *découverte des paysages* (une vingtaine) dont les descriptifs sont présentés dans trois pochettes

Schiste des Cévennes.
Photo F. de Richemond.

individualisées : "Causse et Cévennes", "Mont Lozère", "Aigoual et Lingas". Restent enfin les *sentiers d'interprétation* ou les *sentiers guidés* pour une découverte plus approfondie, en particulier dans le cadre des écomusées du mont Lozère, de la Cévenne et du Causse.

Quelque soit votre choix, n'oubliez pas que le printemps et l'automne sont des saisons aux traits particulièrement relevés par la floraison étourdissante des genêts au printemps ou par la symphonie des rouges, des ocres et des jaunes de l'automne, animées par le chant des oiseaux en mai et juin et par l'odeur des feuilles brûlées et des châtaignes grillées en octobre.

Michelle Sabatier - P.N.C.

Renseignements et informations :

Parc national des Cévennes, Service "Découverte et communication", BP15, 48400 Florac, tél. 66 49 53 00, fax 66 49 53 02.

Haut Bedousse. *Photo F. de Richemond.*

Tour du Pays Viganais

A partir des GR 7 et 60 cet itinéraire en boucle permet de découvrir un paysage varié depuis le causse jusqu'aux vallées et serres cévenoles.

Montdardier • 615 m

① Sortir du village, en prenant, presque face à l'église, un chemin vers l'Ouest qui passe sous une ligne à haute tension et dessert les carrières de pierres lithographiques.
Un peu avant les carrières, tourner à gauche (Sud) sur un chemin qui rejoint la D 113.

② 100 m plus loin, *quitter le GR 7 et suivre le balisage jaune-rouge.*
Le GR de Pays emprunte la D 113 sur 2 km jusqu'au

5 km • 1 h 30 • croisement avec la D 513 • 633 m

Dolmen et menhir témoignant de l'occupation préhistorique du site.

Prendre au Nord un chemin qui à travers le causse mène à Navas (681 m). Continuer jusqu'au roc de la Femme (730 m) ; du rebord du causse, descendre sur Bez-et-Esparon. Franchir le pont sur l'Arre *(vue sur le vieux pont de l'ancienne route de Nîmes à Montauban).* Arriver à l'entrée de

8 km • 2 h 15 • Bez-et-Esparon • 316 m

Traverser la D 999 et remonter par Lasalle *(mas en rénovation)* et Le Bosc (510 m) jusqu'au

③ **8 km • 2 h • Col d'Esparon • 580 m**

Au village d'Esparon : ruine du château, four banal, chapelle du 11e siècle ; vues sur la vallée de l'Arre.
Au col, bifurquer à gauche, traverser le bois de la Quinte et arriver à

4 km • 1 h • Bréau • 312 m

Manoir Dupont (fin de régime de Charles VIII), église du 17e siècle, château du Caladon, temple octogonal (très rare).

23

Sur le Causse de Blandas. *Photo F. de Richemond.*

Le Causse de Blandas

Plateau calcaire d'altitude moyenne (entre 540 m et 900 m), le Causse de Blandas est séparé des structures géologiques voisines (Causses calcaires du Larzac et de Campestre, massif cévenol schisto-granitique du Mont-Aigoual) par de profondes gorges (vallées de la Vis et de l'Arre) ; d'allure très aride, il reçoit pourtant près de 1300 mm d'eau par an, mais celle-ci disparaît rapidement dans les nombreuses fissures de calcaire, d'où une importante sécheresse estivale aggravée par les vents violents venant du Nord. Malgré un milieu a priori hostile à l'homme, le Causse a été peuplé dès le paléolithique supérieur (-30 000), les grottes calcaires ayant servi d'abri dans les vallées de l'Arre et de la Vis.

De nombreuses structures mégalithiques (28 menhirs, 25 dolmens et 7 cromlechs ont été répertoriés) sont situées sur le Causse de Blandas ; certaines d'entre elles sont situées le long de l'itinéraire du GRP, notamment au carrefour entre la D 113 et le D 513 ; la roche utilisé étant de calcaire, de faible résistance, ces mégalithes sont de dimensions moins importantes que ceux taillés dans le granit.

Vous pourrez remarquer :

– Le dolmen à couloir du Planas (restauré en 1973) comprenant une chambre sépulcrale (2,30 x 1,65 m) surmontée d'une dalle de recouvrement (2,70 x 2,00 m) et entourée d'un tumulus de 12 m de diamètre.

– Le cromlech n°2 de Lacam de Peyrarines comporte 35 blocs entiers (dont la hauteur varie de 0,75 à 1,90 m) et réalise un cercle de 120 m de diamètre.

Le tumulus du Serre de Gleyzo est une sépulture de l'âge du fer qui se présente sous la forme d'un tertre circulaire de 12 m de diamètre et de 1 m de hauteur.

Le menhir du Serre de Gleyzo a été relevé en 1972 ; haut de 2,60 m, il a 1 m de large et 0,30 d'épaisseur.

E. Bosc, d'après A. Durand-Tullou
Menhirs et dolmens du Causse.

Cromlech sur le Causse de Blandas. *Photo F. de Richemond.*

Emprunter la rue principale, sortir du village par le Nord-Ouest et monter pour atteindre Mars. Se diriger à l'Ouest vers Le Puech ; suivre à gauche sur 100 m la route et prendre au Nord-Est un chemin montant à un col ; suivre en balcon la vallée jusqu'à proximité de

9 km • 3 h • Salagosse • 761 m

④ Peu avant le village de Salagosse, après le pont à droite, emprunter une route forestière qui monte en lacets jusqu'au

4 km • 1 h 20 • Col de la Broue • 1102 m

⑤ Après le col traverser la route et suivre le GR 7 *(balisage blanc-rouge)* sur 1,6 km.

⑥ Quitter le GR et prendre à droite, une route forestière qui rejoint la D 548 *(vue sur les Cascades d'Orgon)*, suivre cette route à droite sur 500 m jusqu'au parking dit du "Concasseur". Prendre à gauche le sentier qui descend en lacets jusqu'au ruisseau du Coudoulous ; le franchir par une passerelle en bois *(à proximité des Cascades d'Orgon)* et remonter pour suivre un chemin qui longe la courbe de niveau passant au dessus des mines de Grimal. Arriver à

8 km • 2 h 30 • Cap de Côte • 1189 m

⑦ *Balisage blanc et rouge (GR 60) :* descendre à travers les résineux, au Flanc de la Toureille *(vue sur le versant méditerranéen, en direction de Nîmes et de Montpellier avec en premier plan, les serres cévenoles au dessus du Vigan)* et rejoindre la route D 329 dans un lacet au pied de la serre de Navès ; la suivre à droite sur 600 m jusqu'à un

⑧ **3 km • 45 mn • Carrefour**

Le GR 60 retrouve la Grande Draille du Languedoc à l'Aubrac. Suivre vers le Sud une ancienne voie charretière sur 1 km.

⑨ A un col, dans un virage, prendre au Sud un chemin *(ruines de Crestat à gauche)* bordé par endroits par des murs d'époque mycénienne pour passer à l'Ouest du Serre de Roulon.

⑩ Retrouver la voie charretière au niveau d'un petit col, la suivre à droite (Sud-Ouest) jusqu'aux ruines de Pigouse.

L a ville (4000 habitants) est située au confluent de trois régions aux caractéristiques bien distinctes :

– Les hauts plateaux ;
Au-dessus de 1 100 m d'altitude, c'est le coeur du massif de l'Aigoual : un coeur de granite aux reliefs doux et lourds, aux longs hivers montagnards.
Dans les hameaux, les maisons trapues, aux ouvertures réduites, parlent à leur façon des rigueurs du climat. Le paysage forestier, particulièrement imposant, est le fruit d'un travail de restauration entrepris voici un siècle par les forestiers de l'Aigoual. Jusque là en effet, les arbres avaient été systématiquement exploités pour les besoins du chauffage et de l'industrie (forges, verreries…) et le paysage dénudé par le surpâturage, conséquence d'une longue tradition de transhumance ovine. Depuis des temps immémoriaux des centaines de milliers de moutons ont pâturé sur ces plateaux... Avec le couvert végétal dégradé, l'érosion était multipliée et les crues des rivières d'autant plus violentes. Grâce à des années d'efforts, dans des conditions souvent difficiles, la forêt peut de nouveau jouer un rôle écologique et économique. Ce fut l'une des premières opérations de restauration des sols menée par l'administration des Forêts sous l'impulsion du conservateur Georges Fabre.

– Les vallées ;
Dans les schistes qui bordent les plateaux, les failles et les cours

Le Vigan
et son environnement

d'eau ont creusé de profondes vallées, étroites et escarpées tout particulièrement du côté méditerranéen, très abrupt, où les pluies torrentielles d'automne succèdent à la sécheresse estivale en dévalant avec force les versants.

C'est pourtant là que la majeure partie des populations s'est installée et a vécu, atteignant même de fortes densités au 19ème siècle, grâce à des trésors d'ingéniosité et de labeur déployés pour aménager les pentes en terrasses de culture (traversiers ou bancels) pourvues d'un réseau d'irrigation (les béals). Le châtaignier, maître des lieux, leur fournissait l'aliment de base ainsi que son bois. Seul l'élevage du ver à soie, à partir de la feuille du mûrier, a constitué, surtout au 19e siècle, une ouverture sur l'économie de marché. L'architecture, et ses maisons hautes et serrées les unes contre les autres sur le socle rocheux, témoigne du souci d'épargner chaque parcelle de terrain cultivable dans ce terroir exigu. Puis vint l'exode rural, l'abandon des cultures et des châtaigneraies et la transformation contemporaine des sociétés européennes. Aujourd'hui pourtant des signes de reconversion se lisent dans le paysage : des traversiers sont plantés de vergers ou d'oignons, on élève des moutons, des vaches, on exploite la forêt, une économie touristique se développe... Tout cela au sein de l'empreinte laissée par le passé.

– Les causses ;
Les vastes plateaux calcaires des causses sont des paysages très ouverts où la végétation est proche de celle des steppes arides. Ils se sont formés aux temps géologiques par l'accumulation de dépôts au fond des mers, d'où la présence, aujourd'hui encore, des fossiles. L'eau, rare en surface, est un facteur essentiel de survie, pour l'homme comme pour la végétation. Les pluies s'infiltrent rapidement dans le sol calcaire où elles ouvrent de vastes réseaux souterrains en dissolvant la roche. C'est dans ces grottes et ces avens que les hommes préhistoriques trouvaient un abri. Mais en surface, seules les dolines (sotch), petites dépressions où s'accumulent les argiles de décomposition, conservent assez d'eau pour autoriser des cultures de blé, d'orge ou d'avoine. Les pierriers (clapas) témoignent aussi de cette sécheresse et de l'alternance abrupte du gel et du dégel à certaines saisons, qui réduit la roche en éclats. Dans les constructions, les voûtes de pierres soutiennent les lourdes couvertures de lauzes calcaires qui recueillent au maximum l'eau de pluie, stockée ensuite dans des citernes. Autrefois, les uniques points d'eau du bétail étaient constitués par des petites mares, les lavognes, que remplissait la pluie. Aujourd'hui se maintient une tradition d'élevage ovin semi-extensif.

Pays viganais, Talevrac.
Photo F. de Richemond.

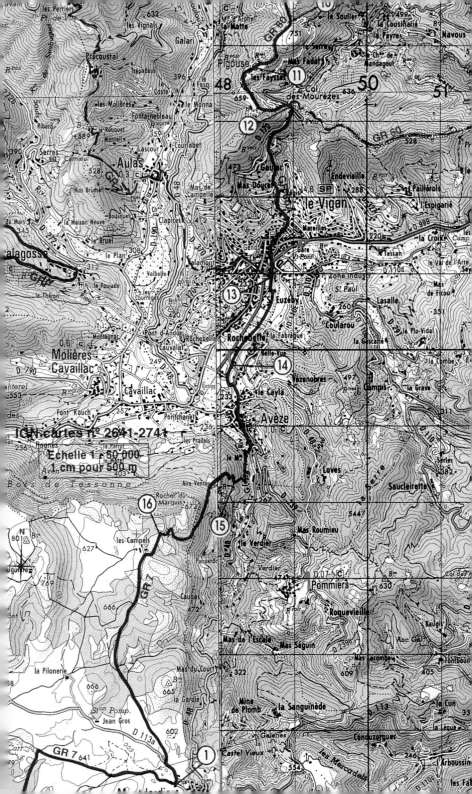

⑪ Dans un virage, prendre un chemin vers le Sud-Ouest qui tourne un peu après vers le Sud-Est. On domine le Col des Mourezes. Descendre par une pente assez raide à travers les rochers. La Grande Draille passe alors entre un muret en pierres sèches et une clôture à gauche. Atteindre la D 170 au

4 km • 1 h 15 • col des Mourèzes • 537 m

⑫ *Départ de la variante GR 60 A :* suivre vers le Sud un chemin qui coupe le lacet de la route et descend rapidement pour rejoindre

2,5 km • 40 mn • Le Vigan • 231 m

Statues du Chevalier d'Assas et du Sergent Triaire Pont roman du 12e siècle sur l'Arre, musée Cévenol.

⑬ *Suivre le GR 7* par le chemin de la rivière, en face des écoles, remonter le cours de l'Arre.

⑭ A la ferme de Cairol, continuer le long de la rivière, puis franchir le pont pour entrer dans

2 km • 30 mn • Avèze • 247 m

Sortir du village par la D 48 en direction de Montdardier et prendre à droite le chemin du Moulin, obliquer à gauche par un sentier qui monte et atteint un vallon.

⑮ Sans le traverser, tourner à droite et poursuivre par le sentier en lacets. Après le hameau ruiné d'Aire-Ventouse, franchir le rebord du causse de Blandas.

⑯ Déboucher sur la route des Campels et l'emprunter à gauche jusqu'à

8 km • 2 h 15 • Montdardier • 615 m

Les moches sont de gros saucissons cévenols. Patrick Pagès les accompagne ici de *flèque*, pommes de terre coupées en petits dés. Faute de moches, vous pouvez utiliser des saucissons aux herbes à cuire.

Moches et pommes de terre en flèque

Ingrédients pour 4 personnes

2 moches.
400 g de pommes de terre ;
1 oignon ;
cerfeuil, persil ;
huile.

Pour le court-bouillon :

1 carotte ;
1 oignon piqué d'un clou de girofle ;
bouquet garni (laurier, thym, persil) ;
sel et poivre en grains.

- *Préparation : 20 mn.*
- *Cuisson : 30 mn.*

1 – Mettez tous les aromates du court-bouillon dans 1,5 litre d'eau froide. Ajoutez une cuillère à café de sel et six grains de poivre. Couvrez, portez à ébullition et laissez frémir 20 mn.

2 – Pendant ce temps, épluchez les pommes de terre et coupez-les en petits dés. Epluchez et émincez l'oignon. Lavez soigneusement et ciselez cerfeuil et persil de la garniture.

3 – Dans une sauteuse, faites chauffer un peu d'huile et faites-y fondre l'oignon émincé sans le laisser colorer. Ajoutez les moches et recouvrez juste de court-bouillon préparé. Laissez cuire

10 mn à petite ébullition afin de ne pas faire éclater les moches.

4 – Ajoutez les dés de pommes de terre et laissez cuire toujours à petite ébullition pendant 20 mn.

5 – Retirez les moches de la sauteuse. Coupez-les en tranches épaisses et dressez-les en rosace sur les assiettes. Disposez les pommes de terre autour. Saupoudrez de cerfeuil et persil. Faites réduire à grand feu le bouillon de cuisson et arrosez-en moches et pommes de terre.

P. Pagès
Le Chantoiseau, *Vialas.*

Le musée cévenol du Vigan

L e musée a été créé en 1963 dans une ancienne filature de soie, accolée au "Vieux pont" bénédictin du Vigan.
A l'inauguration, il n'y avait qu'une seule vitrine. Celle de la soie. En trente ans, le musée a rempli les trois niveaux du bâtiment. Il présente les aspects géographiques, agricoles, artisanaux et humains du pays cévenol.

Rez-de-chaussée

Salle d'entrée. Elle évoque quatre unités écologiques de la zone couverte par le Parc : la Cévenne du granit, la Cévenne du schiste, le calcaire du Causse Méjean et le reboisement du massif de l'Aigoual ainsi que le tissage de la soie.

Salle des métiers. Elle présente l'orpaillage, la vannerie, la verrerie qui existe dans le pays depuis l'Antiquité, l'"*aplechaïre*".

Premier étage

Reconstitution d'un intérieur paysan de hautes Cévennes, échoppe d'un sabotier et atelier du dernier tonnelier du Vigan.

Salle d'ethnologie. Les thèmes étudiés sont les bases de ce que fut la vie locale aux siècles passés : le châtaignier qui a conditionné la vie et l'alimentation ; le cochon et la charcuterie domestiques ; la transhumance des moutons, les bergers et leurs traditions, la laine, la chèvre ; la vigne et le vin ; enfin, une très longue vitrine étudiant tout le cycle de la soie, depuis l'élevage des vers à soie et la filature jusqu'à la fabrication des bas de soie sur les anciens métiers.

Deuxième étage

A mi-étage, présentation d'un tour "à arc", ancêtre des tours classiques.

Salle André Chamson. Ce "fils des Cévennes" qui a passé toute son enfance au Vigan y est présenté dans sa vie et dans son oeuvre. Les paysages cévenols sont le cadre du plus grand nombre de ses romans. Salle du temps. Ensemble évoquant l'évolution des Cévennes gardoises.

Depuis les âges géologiques jusqu'à une prospective d'espérance (préhistoire, moyen âge, Réforme, 18e et 19e siècles ; portraits de quelques grandes figures cévenoles).

Odette Tessier du Cros ;
Créateur du musée et conservateur
(1963-1983).

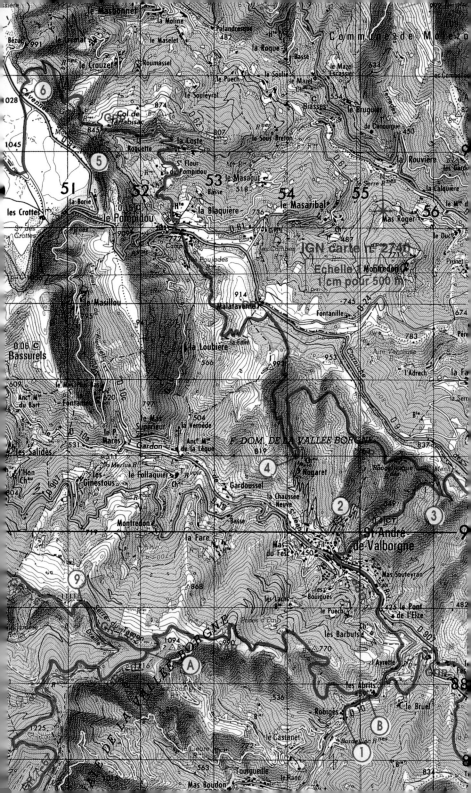

Tour de la Haute Vallée Borgne

Le GRP permet de parcourir en deux ou trois jours, les crêtes qui dominent la vallée, de rejoindre Aire-de-Côte au pied de l'Aigoual, de visiter l'abbaye de Saint-Marcel-de-Fontfouillouse, l'église romane de Saint-Flour-du-Pompidou et quelques villages ou hameaux typiquement cévenols.

Tourgueille (gîte de Robigès) • 508 m

Accessible par la D 10 à 3 km de Saint-André-de-Valborgne

① Le GRP *(balisage jaune-rouge)* suit la D 10 vers Saint-André-de-Valborgne sur 1,5 km. A l'Ayrette quitter la route à gauche pour suivre pendant 1,5 km un sentier en corniche. Emprunter ensuite la D 10 à gauche, passer Pont de l'Elze *(vieille fontaine, église romane)*, et atteindre

4 km • 1 h • Saint-André-de-Valborgne • 450 m

Traverser le pont et rejoindre le temple.

② Emprunter à gauche un sentier muletier, taillé dans le rocher qui monte à

③ **2,5 km • 1 h • une route forestière • 800 m**

▶ Menhir à 1 km

Suivre la piste à gauche, Nord-Ouest, sur 2,5 km jusqu'à son extrémité. Emprunter alors à gauche un sentier. Franchir un ruisseau et atteindre en 1,5 km un carrefour *(le château médiéval de Nogaret, à 200 m, ne se visite pas)*.

④ Du carrefour, monter en direction Nord jusqu'à la route de la Corniche des Cévennes (D 9) au lieu dit

6,4 km • 1 h 30 • Malataverne • 830 m

Remonter au Sud-Ouest par une petite combe vers un petit col ; descendre et suivre la vallée en balcon *(vues sur l'Aigoual et le Lozère)* jusqu'à

Saint-Flour du Pompidou

Eglise de Saint-Flour. *Photo F. de Richemond.*

son enfance il dut voir l'église telle qu'aujourd'hui, avec son toit de schiste et ses murs de calcaire. A la partie centrale du 12e siècle, se sont ajoutées deux chapelles latérales au 15e et 16e siècles. L'une d'elles s'orne des armes des Grimoard, preuve d'une reconnaissance tardive envers le pape Urbain V qui fut le créateur de la collégiale Notre-Dame de Quézac à l'entrée des gorges du Tarn et dont dépend la paroisse du Pompidou. Sur les parements de la partie gothique, des marques d'ouvriers sont gravées : croix, équerres, triangles. Restaurée depuis peu, alors qu'elle servait auparavant de grange, l'église accueille désormais en été des concerts. Les vitraux, datant de 1973, sont dus à l'artiste allemande Ursula Hirsh.

I. Magos, Le guide des Cévennes.

Isolée dans un petit vallon que domine l'impressionnante barre calcaire, la petite église s'adosse contre le presbytère transformé en ferme. Il reste encore quelques croix dans le cimetière abandonné, envahi par les herbes. En face, dans le hameau de Lacoste, naquit Thomas Valmalle qui devient le chef camisard "La Rose". Toute

Saint-André-de-Valborgne

Saint-André-de-Valborgne.
Photo F. de Richemond.

A l'origine du village, l'église romane, récemment restaurée, offre encore sa belle abside en cul-de-four. Elle fut créée au 12e siècle par les moines bénédictins de Saint-Chaffre du Puy. Les deux chapelles gothiques, ajoutées au 14e siècle, lui donnèrent sa forme de croix. La petite ouverture sur la façade Sud servait de passage aux fidèles durant les guerres religieuses, l'entrée principale ayant été murée, par mesure de sécurité. Le temple, bâti en 1878, est un édifice imposant.

En face, sur l'autre rive, la maison forte dite "le château" daterait du 16e siècle. Flanquée de deux poivrières, sa façade présente de beaux encadrements de pierre calcaire. Le heurtoir est d'époque.

La tour qui s'élève au cœur du village pourrait avoir servi de tour de garde ; la cloche, prise à l'ancienne maison protestante, porte une inscription datée de 1573 : « Faite... pour les habitants de la Religion prétendue réformée... à la diligence de P. Chabral consul et des Anciens du Consistoire de ladite religion ».

Perché au-dessus du village, le château de Nogaret était situé sur le seul chemin qui reliait Saint-André au Pompidou. Son origine remonterait au 11e siècle, mais il fut reconstruit aux 17e et 18e siècles, à la suite des destructions des Camisards.

I. Magos, Le guide des Cévennes.

Les crues cévenoles

Les pluies cévenoles peuvent affecter le rebord oriental du Massif Central sur 200 à 300 km de front depuis le Vivarais jusqu'aux Cévennes, y compris l'Aigoual. Elles peuvent survenir en toutes saisons, même en plein été, mais les plus fortes sont toujours celles qui se produisent entre début septembre et fin octobre, sous l'action de phénomènes météorologiques méditerranéens. Elles peuvent prendre alors un caractère démesuré et spectaculaire et provoquer de véritables catastrophes.

Les Gardons sont particulièrement caractéristiques du régime hydrographique cévenol : ils dominent à faible distance la vallée du Rhône (cours d'eau n'excédant pas 100 à 130 km de long). Coulant sur un sol imperméable, dont le coefficient de ruissellement est élevé, ils recueillent la quasi totalité des eaux de pluie et cela sans le moindre délai, les versants de leurs thalwegs étant très abrupts. Les Gardons ont de plus un réseau hydrographique très développé dont les ramifications se concentrent en quelques points seulement après des parcours sensiblement égaux, entraînant la convergence des crues de chaque bassin élémentaire.

Les crues brutales provenant d'averses violentes et courtes sur les hautes vallées sont les plus dévastatrices. Elles sont caractérisées par une montée fulgurante des eaux : l'arrivée de la crue se présente sous la forme d'une véritable vague de 1 m à 1,50 m de hauteur. La crue atteint son niveau maximum en moins de trois heures, pour diminuer ensuite très rapidement, la durée de l'étale excédant rarement une heure.

M. Bauzil.

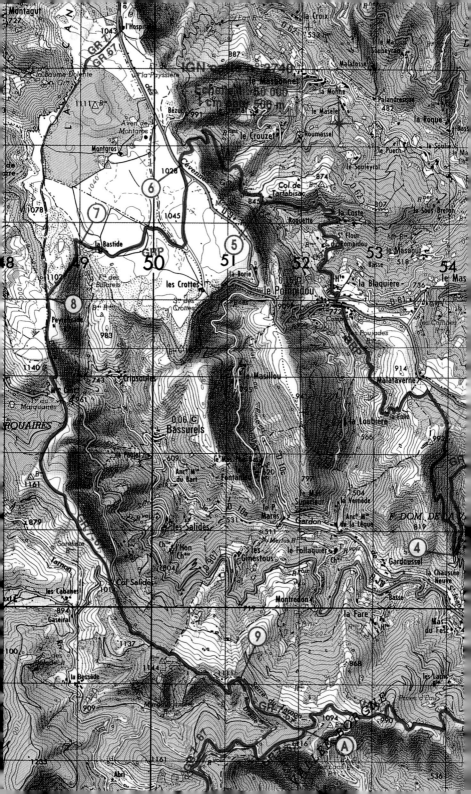

3 km • 1 h • Le Pompidou • 772 m

Suivre à droite la petite route de la Coste, passer l'église romane de Saint-Flour-du-Pompidou et arriver au hameau. Prendre le sentier montant vers

3 km • 1 h • La Roquette • 760 m

A la sortie du hameau, prendre à droite un chemin qui conduit en 750 m au col de Tartabisac (845 m).

⑤ Emprunter la route forestière sur 50 m ; ensuite, à gauche, un sentier, à flan de coteau, coupe deux ruisseaux, passe à proximité d'une clède en ruine, remonte en lacets jusqu'à la route de la Cam de l'Hospitalet (D 9).

⑥ Traverser et suivre un chemin de terre orienté plein Sud, puis emprunter sur 1 km la route menant à la ferme des Crottes. Prendre à droite à une bifurcation la route de la

6,5 km • 2 h 10 • ferme de la Bastide • 1019 m

A la ferme, franchir la barrière et prendre le chemin qui traverse les prairies *(propriétés privées)*.

⑦ Tourner à gauche et prendre sur 1,5 km un chemin qui passe au Sud du Peyre Agude.

⑧ *Jonction avec le GR 7-GR 67 (balisage blanc-rouge).* Suivre la draille à gauche vers le

3 km • 1 h • col du Marquairès • 1000 m

> **Hors GR : 10 mn • gîte du Marquairès**
>
>
>
> Du GR 7-GR 67, emprunter à droite un sentier qui descend jusqu'au gîte.

Monter raide jusqu'à un petit col. La draille descend au Sud-Est jusqu'au

3 km • 1 h • col Salidès • 1014 m

Emprunter vers le Sud-Est, la route forestière d'Aire de Côte jusqu'au

⑨ **2,5 km • 40 mn • carrefour (Serre du Tarnon) • 1080 m**

Le GRP rencontre au Pompidou une importante voie touristique, la "Corniche des Cévennes" qui relie Saint-Jean-du-Gard à Florac, via le col de Faïsses.

Dans un mémoire du 25 janvier 1725, sur le choix des routes pour établir une communication entre les provinces du Languedoc et d'Auvergne, on trouve déjà mention de cet axe qui relie Montpellier à Clermont par le Gévaudan, en passant par Anduze, Saint-Jean-de-Gardonnenque, Florac, Mende et Saint-Chély. Le mémoire développe sur plusieurs pages les difficultés du trajet pour les voitures et les diligences, mais il insiste sur l'intérêt commercial de cette voie qui permet d'écouler "cadis, serges et autres étoffes" fabriqués en Gévaudan et dont "il se fait par toute la France une si grande consommation". Il propose donc au pouvoir royal d'améliorer et de prolonger cette liaison.

La corniche des Cévennes

Au 19e siècle, le chemin royal devient la "route nationale n°107 de Nîmes à St-Flour" avant d'être déclassé au profit de l'itinéraire par la vallée Borgne et le Marquairès, un peu plus au Sud.

L'appellation "Corniche des Cévennes" apparaît en 1925 dans un bulletin du club cévenol. Dès 1927, la section de Saint-Jean-du-Gard de ce club cévenol s'est efforcée de faire remettre en état cet itinéraire touristique que certains avaient d'ailleurs un temps envisagé de baptiser "Corniche d'Améthyste".

E. Bringer.

Chaque sonnaille a son "chant", les sonals disent *"montandoun, montandoun"* : nous monterons ; les clapas : *"davalarem, davalarem"*, nous descendrons et les piques répondent : *"retornarem, retornarem, nous retournerons"*.

Les sonnailles ont également un rôle décoratif : les bergers sont très fiers de leur harmonie. Elles sont suspendues à de larges colliers beaucoup plus décorés que ceux qui portent les sonnailles de pâturage. Ils étaient autrefois sculptés ou ciselés de très nombreux motifs géométriques, de fleurs, de rosaces. Aujourd'hui les bergers se contentent de les

Sonnailles de draille

peindre de différentes couleurs dans lesquelles le bleu et le rouge dominent souvent.

Enfin, les sonnailles de transhumances possédaient le même pouvoir magique que la cloche de l'église. Elles écartaient du troupeau toutes sortes de dangers, les sorciers et leurs maléfices, les orages. Aujourd'hui ce sens magique a pratiquement disparu et les sonnailles ne sont plus considérées que comme une ornementation et un moyen d'entraînement du troupeau. La sonnaille de draille est, pour la brebis, le signal du départ en montagne, les bergers disent "le chant du départ".

Lorsque le troupeau est ensonnaillé, il devient plus difficile à tenir, sauf lorsqu'il prend la direction de la montagne.

Anne-Marie Brisebarre ;
Bergers des Cévennes.

Les drailles

P armi ces anciens chemins, les drailles *(dralio)* sont, d'après les vieux dictionnaires de la langue d'oc, les chemins affectés aux troupeaux de moutons, et particulièrement aux troupeaux transhumants. Ces troupeaux, venus des bergeries de la plaine, montaient vers les pacages d'été, par des itinéraires rigoureusement imposés, qu'ils parcouraient sous l'oeil vigilant et inquiet des populations sédentaires.

Les drailles, larges parfois d'une vingtaine de mètres, jalonnées par endroits de pierres plantées ou délimitées par des murettes en pierres sèches, sont tracées au plus court, de col en col escaladant parfois des pentes abruptes. La draille est l'ancêtre, sans doute préhistorique, des chemins de montagne ; elle a pu être suivie avant les troupeaux, par les chèvres sauvages.

Trois itinéraires principaux relient le Bas-Languedoc aux pâturages d'été :

– *La draille du Gévaudan,* de la région d'Anduze, gagne la Vieille Morte, puis, par les cols de Jalcreste, de la Croix de Berthel et

de Finiels, va passer au Bleymard, puis traverse la montagne du Goulet.

– *La draille de la Margeride* permettait aux troupeaux du Bas-Languedoc de gagner les pacages du Mont-Lozère par Colognac, Aire-de-Cote, la Can de l'Hospitalet et Florac. Elle traverse le Mont-Lozère vers la Croix de Maître Vidal et atteint le Lot à Chadenet.

– La *"grande draille"*, c'est la draille d'Aubrac, suivie par les troupeaux de la région de Montpellier, regroupés vers Notre-Dame-de-Londres, pour se diriger vers Ganges, le col des Mourèzes, Cap-de-Côte et la Lusette, puis, par la Cereirède, Cabrillac et Perjuret, vers le causse Méjean, traversant le Tarn à Saint-Enimie, le Lot au Pont-de-Salmon, avant de commencer la montée vers l'Aubrac (suivie par le GR 60).

P. Cabouat.

Par la variante : 10 km • 2 h 30 • gîte de Robigès

Continuer sur la route forestière pendant 1,2 km *(balisage blanc-rouge)*.

(A) *Balisage jaune-rouge* : quitter la route forestière dans un grand virage à droite et prendre à gauche un large chemin forestier qui descend en lacets sur 6 km.

(B) Aux Abrits, emprunter la D 10 à droite sur 200 m pour arriver augîte de Robigès.

(9) Pour continuer le tour, deux itinéraires sont possibles :

- itinéraire long (moins difficile) : continuer sur la route forestière jusqu'à Aire de Côte *(balisage blanc-rouge)*.
- itinéraire court (comporte plus de dénivelé) : prendre la draille de la Margeride *(tracé indiqué en tiretés sur la carte)*.

Par l'un ou l'autre de ces itinéraires, on gagne

6,5 km • 1 h 50 • Aire de Côte • 1085 m

Suivre les GR 6 et 67 : emprunter la draille qui descend (Est puis Sud), en lacets sur une crête que l'on suit jusqu'au

4 km • 1 h • col des Traverses ou col du Pas • 833 m

Sur la D 10, à la jonction avec la D 193, petit abri et monument du maquis de l'Aigoual.

Emprunter la D 193 *(balisage jaune-rouge)*, sur 1,2 km (direction Est). Prendre dans un grand virage, (alt. 780 m) un sentier à droite, passer au hameau de la Roque, à proximité des Cremats (ruines), et arriver à

4 km • 1 h • Faveyrolle • 549 m

Hameau typiquement cévenol construit en schiste, gîte possible au centre du CNRS

A la sortie du hameau, emprunter l'ancien chemin, rive gauche du ruisseau, jusqu'à

2,5 km • 40 mn • Monteils • 428 m

Saint-Marcel de Fontfouillouse

Les Plantiers. Saint-Marcel de Fontfouillouse. *Photo F. de Richemond.*

Au coeur de la Cévenne schisteuse, l'église de Saint-Marcel de Fontfouillouse est, elle aussi, bâtie près d'une voie de transhumance. C'est le chemin de Sainte-Enimie aux Plantiers qui figure encore sous ce nom dans les cadastres napoléoniens. Les moines de Saint-Chaffre étaient installés en 951 à Sainte-Enimie, un noeud de drailles où un monastère existait depuis le 7e siècle. Saint-Marcel de Fontfouillouse représentait donc une étape privilégiée pour leurs déplacements entre les Causses et le littoral.

Elle est restée longtemps l'église paroissiale des Plantiers avant que la population des hameaux ne se regroupe au confluent de la Borgne et de la Hierle.

Pour la construire, les moines de Saint-Chaffre ont dû faire appel à des tailleurs de pierre de la région, experts dans le travail du schiste, car il n'existe pas d'autre matériau dans le secteur. Saint-Marcel s'élève à sept cents mètre d'altitude, là où affleure partout le terrain primaire. Les plaques de schiste ont été débitées sur place en moellons de faible épaisseur qui ont été équarris du mieux possible pour le montage des parements.

Le coût et la difficulté de l'ouvrage sont probablement à l'origine de l'étalement du chantier sur trois campagnes. L'abside et le choeur peuvent être datés du début du 12e siècle, la nef voûtée en berceau brisé de la seconde moitié du 12e, tandis que la chapelle méridionale n'aurait été ajoutée qu'au commencement du 13e siècle.

Le clocher et la chapelle nord seraient une adjonction de 1503 si l'on peut se fier à la plaque scellée au-dessus du porche d'entrée.
A l'intérieur, les pilastres de la nef et de l'arc triomphal s'appuient à mi-hauteur sur des consoles.

P. Clément ;
Les églises romanes oubliées du Languedoc.

44

L e 28 janvier 1703, sous les murs du château de Saint-André, les troupes du chef camisard Castanet tire une salve de vingt coups de fusil en criant :

Le Castellas de Saint-André-de-Valborgne

« Monsieur du Fesquet, ne craignez rien, c'est pour faire honneur à votre femme ».

Cette dernière avait en effet refusé d'abjurer.

Un des hommes de Castanet venait de tuer le prêtre et tout ce qui pouvait brûler dans l'église avait été brûlé.

Elie Marion écrit dans ses mémoire :

« Monsieur du Fesquet était un gentilhomme né protestant, seigneur de Saint-André, mais qui avait changé de religion et qui, pour conserver son bien et pour plaire aux puissances était devenu notre plus cruel ennemi. Il se mettait à la tête de la bourgeoisie en vertu du pouvoir que l'intendant ou les maréchaux de France lui avaient donné et nous faisait tous les maux... ».

Le 16 janvier 1704, le brigadier Planque arrive à Saint-André avec quelques bataillons. Tourgueille, Gabriac, le Pompidou, Saumane ont été brûlés. Plusieurs fugitifs sont dénoncés par Fesquet, et Planque les fait exécuter et jeter « pour la plupart encore vivants du haut du pont en bas » ; « il se passa encore une chose remarquable : une jeune fille paysanne, inspirée, âgée de 18 ans, d'un hameau appelé Combassous tout près de Saint-André ; son innocence et sa jeunesse ayant ému la compassion d'un soldat, celui-ci pour lui sauver la vie se jeta aux pieds du brigadier Planque, le suppliant de vouloir donner la vie à cette jeune fille et qu'il l'épouserait. Planque se laissa toucher par les prières du soldat et lui accorda sa demande. Mais la jeune fille n'hésita pas un instant à leur dire que Jésus-Christ était le cher époux de son âme et que, puisqu'aujourd'hui, il lui tendait les bras, son grand désir était de mourir au plus tôt pour sa gloire... On la mit sur le champ au rang des autres ».

Le 18 septembre 1704, Fesquet fit casser la tête à trois paysans qu'il avait surpris dans son moulin pour moudre du blé. Le maréchal de Villars écrit : « c'est par là qu'il s'est peut-être attiré la mort ».

En effet, quelques temps plus tard, La Rose, lieutenant de Castanet, propose une rencontre à Fesquet près du Pont Marès afin de négocier sa reddition. Rolland a été tué, Cavalier et Castanet ont cessé le combat. Fesquet est sûr de la soumission de La Rose et trois hommes seulement l'accompagnent ; il apporte même un flacon de vin. Il sera exécuté d'un coup de pistolet.

J.-P. Boyer.

⑩ Tourner à gauche et remonter le valat des Camps (rive droite) jusqu'aux ruines des Camps.

⑪ Tourner à droite (Sud-Est) pour monter à la crête qui domine l'abbaye de St-Marcel. Descendre vers le Nord rejoindre le GR 6 A.

Par le GR 6 A :

Abbaye de Saint-Marcel-de-Fontfouillouse (en cours de restauration, visite libre)

2 km • 30 mn • les Plantiers

⑫ *Balisage blanc-rouge* : monter jusqu'au

3 km • 1 h • col de Tinquos • 751 m

Par la variante longue : 18 km • 4 h 30 • Robigès

Prendre à droite *(balisage jaune-rouge)* le chemin qui suit le Serre des Clapisses ; descendre par le flanc Nord rejoindre la vallée du Gardon que l'on traverse au lieu-dit Le Serre. Remonter direction Nord par le Serre de Pomaret et atteindre

7 km • 2 h 15 • Auzillargues • 606 m

Ⓐ Monter par un sentier sur la Corniche des Cévennes, et atteindre un menhir. Rejoindre une bifurcation par un chemin orienté au Sud-Est.

Ⓑ Descendre à gauche par le chemin muletier emprunté à l'aller. Le retour au gîte de Robigès s'opère selon le même itinéraire qui est pris en sens inverse.

⑬ Quitter le GR 6 A en prenant, au Nord-Ouest, un sentier dans les châtaigniers *(balisage jaune-rouge)*. Descendre rapidement sur le Gardon que l'on franchit sur une passerelle à hauteur du hameau du Fesquet. Traverser un petit plateau pour recouper la D 907 ; franchir le pont submersible en direction du Bruel, 300 m avant le hameau, prendre à droite un sentier à flanc de coteau et descendre en 1 km sur un ancien pont pittoresque Rejoindre la D 10 que le GRP emprunte à gauche pour rejoindre après 1 km le

5 km • 1 h 30 • gîte de Robigès • 508 m

Les camisards

Le mot apparaît pour la première fois dans une lettre privée en novembre 1702 : la correspondance officielle l'adopte peu après. D'où vient ce nom donné aux révoltés des Cévennes ?

Il y a plusieurs réponses à cette question. Jean Cavalier, ancien chef camisard, lorsqu'il écrit ses mémoires, l'explique par le fait que, ne portant sur leurs corps que du linge sale, toujours courant la montagne, ils étaient trop heureux lorsqu'ils pouvaient piller quelques jardins bourgeois où séchaient des chemises. D'où l'insulte "voleurs de chemises" devenue titre de gloire comme celle de "gueux" chez les révoltés de Hollande.

Abraham Mazel, prophète camisard, donne une autre explication : « Le plus souvent nos habits nous embarrassaient et, à la moindre occasion, nous nous mettions tous en chemises (ou en camisoles) pour être plus agiles ». D'autres, enfin, font venir le mot de *camisarde* : "attaque de nuit sur les grands chemins", tactique habituelle des montagnards.

Le *Larousse,* lui, se garde d'explications aventurées. Il prend le mot comme allant de soi :

« Camisards, nom masculin. Nom donné aux Calvinistes cévenols qui luttèrent contre les armées de Louis XIV après la révocation de l'Edit de Nantes ».

Revue Chemins, Spécial Cévennes.

Tancas cévenol en Haute Vallée Borgne (barrage écreteur de crues). *Photo F. de Richemond.*

A près les guerres de Rohan, qui virent la défaite des grands seigneurs protestants, une interprétation restrictive de l'édit de Nantes va réduire, de plus en plus, les libertés des protestants. Dans les années 1680, ils sont victimes de brimades et de violences (les "dragonnades") destinées à les faire abjurer. En 1685, Louis XIV révoque l'édit de Nantes et les Protestants exercent désormais leur culte dans la clandestinité... ou émigrent. Or, en Cévennes, certains lieux sont protestants à cent pour cent ! Quelques jours à peine après la révocation, on signale déjà des réunions clandestines... Celles-ci vont se poursuivre, enflammées parfois par les sermons visionnaires de prophètes qui appellent à secouer le joug ! Le 24 juillet 1702, le meurtre de l'abbé du Chaila, inspecteur des missions des Cévennes, déclenche une révolte armée qui durera jusqu'en 1704 et pendant laquelle les troupes royales, conduites par les meilleurs maréchaux de France, seront plusieurs fois défaites. Chaque petite région a son chef : Castanet dans l'Aigoual, Joanny vers Génolhac, Rolland à Mialet, Cavalier dans la plaine...

Les rebelles reçoivent l'appui ponctuel des habitants des paroisses protestantes, qui se joignent à eux pour des coups de main, les protègent, les nourrissent et les abritent... A l'automne 1703, le maréchal de Montrevel décide de faire brûler 32 paroisses et leurs dépendances (Fraissinet-de-Fourques était du lot d'ailleurs...).

Guerre des Camisards

———

Son entreprise connaîtra quelques difficultés... Mais à l'automne 1704, après plusieurs défaites, la plupart des Camisards se rendent.... Les Protestants ne pourront pas exercer leur religion dans la légalité avant 1787... Ils appelleront toute cette période le "Désert", en souvenir de la traversée du désert par le peuple hébreux...

Cette rébellion sera désormais l'un des éléments fondateurs de l'identité culturelle cévenole, marquant pour longtemps les relations entre les communautés catholique et protestante :

« Il faudra attendre la deuxième guerre mondiale, et même les années 1960, pour voir les tensions s'apaiser entre les deux communautés. Dans une histoire forcément dramatique, ces quelques décennies ont atteint un degré de violence tel qu'aucune autre période ne peut s'y comparer... C'est le type même d'événement guerrier qui focalise la mémoire et crée la rupture : le sang, le feu, l'acte irréparable... » (*Ph. Joutard*, Désert et pays camisard, revue Cévennes n° 29-30).

Michelle Sabatier - PNC.

Tour de la vallée du Galeizon

▶ *A partir d'Alès (gare), une ligne de car permet de rejoindre Cendras.* De là, gagner La Baume (2 km • 30 mn) par une petite route longeant le Galeizon. *En voiture, emprunter la D 916 puis, avant de traverser le Galeizon, la D 32 direction Saint-Paul-La Coste.*

La Baume • 155 m

① Le GR de Pays *(balisage jaune-rouge)* emprunte la D 160 sur 300 m. Au pont des Camisards, prendre sur la gauche, une petite route qui monte sur 700 m.

② Suivre à droite la piste forestière jusqu'au

③ **5 km • 1 h 30 • col de Mayelle • 469 m**

▶ En empruntant le GR 44 D *(balisage blanc-rouge)* sur la gauche on peut gagner en 20 mn le Moncalm (553 m) : *vue sur Alès et sa région.*

Prendre le GR 44 D *(balisage blanc-rouge)* direction Ouest. Après 300 m sur un bon chemin, emprunter dans un virage, le sentier de crête qui par le Serre des Abeaux, le Long Serre, permet d'atteindre

④ **4 km • 1 h 30 • l'Escoudas • 656 m**

Après quelques centaines de mètres sur une piste forestière, prendre un sentier de crête orienté à l'Ouest, passer trois petits cols et atteindre un

⑤ **2,5 km • 1 h 45 • petit col • 644 m**

> **Hors itinéraire : 5 km • 1 h 15 • Mialet • 161 m**
>
> Prendre la piste qui descend sur la gauche *(balisage jaune)* jusqu'au Mas Pagès. Un sentier descendant Est puis Sud permet de gagner Mialet par l'Aire Crémade.
>
> Pour regagner l'itinéraire, emprunter le GR 67 vers le Nord, passer aux Aygladines, couper la D 160 et monter dans les taillis, franchir la crête et atteindre le GR 44 D (560 m).

⑤ Par la piste DFCI (défense contre l'incendie) rejoindre le

⑥ **3,5 km • 1 h • col d'Uglas • 539 m**

▶ *Jonction avec la liaison Saint-Jean du Gard-Alès du chemin de Stevenson*

Emprunter la petite route vers l'Ouest sur 500 m.

Diverticule : 2 km • 30 mn • Campmau • 362 m

Descendre à droite *(balisage blanc-rouge barré).*
Par une sente, derrière le gîte, rejoindre le circuit 500 m après sa jonction avec le GR 67.

Poursuivre par la petite route jusqu'à la

⑦ **2 km • 30 mn • jonction avec le GR 67 • 560 m**

Continuer sur le chemin tantôt goudronné, tantôt en terre battue jusqu'à

⑧ **2,5 km • 45 mn • La Clède du Pas • 590 m**

Par la variante • 12 km • 3 h 30 • les Appenets

Descendre par la petite route jusqu'à la Lèque, puis prendre un chemin jusqu'à

Ⓐ **3 km • 45 mn • Mandajors • 313 m**

Suivre la piste DFCI (défense contre l'incendie) jusqu'à Careneuve. Prendre au Nord-Est un sentier, traverser le Galeizon et arriver au Roubardel. Suivre la vallée avant de monter après le passage d'un valat vers Peyraube ; avant le hameau, prendre la route qui monte. La quitter dans le virage pour le chemin en crête.

Ⓑ *Jonction avec le GR 44 B*, le suivre à gauche au niveau du complexe funéraire préhistorique (700 av. J.-C.)

9 km • 2 h 45 • Les Appenets

Pour retrouver le GR de Pays, suivre vers l'Est le GR 44 B jusqu'au carrefour de Lamelouze (556 m). *Voir page 63.*

Préhistoire

Si des traces anciennes de la présence de l'homme ont été découvertes sur le Causse Méjean et les gorges du Tarn dès le paléolithique inférieur (entre -70 000 et -30 000 ans), c'est au néolithique (vers le milieu du 4e millénaire avant J.-C.) qu'elles sont les plus nombreuses, comme si une poussée démographique avait suscité la colonisation des vallées et des plateaux. Mais l'époque de l'édification des menhirs et des dolmens ne remonte pas, sur les causses, au-delà de 2500 avant J.-C. C'est de cette même époque que datent dans les Cévennes, les très nombreux coffres sépulcraux construits sur les crêtes entre le gardon de Sainte-Croix et le gardon d'Alès. Dans la même région, sur une zone de 35 km sur 15 km environ, on dénombre un grand nombre de cupules et de bassins, cavités circulaires plus ou moins grandes, parfois regroupées, ou reliées par des canaux. Elles auraient été le support de cérémonies religieuses, sans qu'on puisse toutefois en apporter la démonstration. La raréfaction des vestiges préhistoriques entre 1500 et 400 avant J.-C. suggère par contre une régression de la population.

Les Pauses,
ferme cévenole typique.
Haute Vallée de l'Hérault.
Photo F. de Richemond.

Cultures en terrasse. *Photo F. de Richemond.*

C'est un panier presque rond à peine ventru. Vannerie de châtaignier avec bordure en amarinier, très courante en Cévenne.

Il a une histoire ce panier. C'est un *"desquou"* (une petite *"desque"*) mais on le nomme "le panier de la terre" – le *"terraïrou"*. On l'utilise encore de nos jours pour monter le fumier au jardin et en rapporter des légumes par exemple. Mais, au départ, il servait de mesure et c'est pourquoi on l'appelle toujours "le panier de la terre". Jadis, le travailleur qui faisait une journée chez le seigneur ou le curé, chez un notable, était payé en nourriture – quelques châtaignes – et en terre. Ce panier était la mesure. Il le remplissait avec de la terre prise chez son employeur, dans un coin difficilement cultivable des biens de celui-ci, et le rapportait chez lui, sur sa maigre propriété ! Là, il vidait le panier sur un versant rocailleux, où, retenue par une murette de pierres sèches, la terre

Les terrasses

---

apportée ainsi, panier par panier au jour le jour, finissait par constituer un petit champ artificiel, vigne ou jardin suspendu, l'une de ces merveilleuses terrasses de culture que l'on nomme *"traversiers"* ici, *"barres"* à Chamborigaud, *"accols"* vers l'Ardèche, *"bancels"* ailleurs et "faïsses" un peu partout dans la Cévenne.

Quand on sait cela et qu'on regarde mieux tous ces versants étagés, tous ces champs gagnés sur le roc, le paysage devient vertigineux. Combien de journées de labeur, combien de ces paniers de terre représente chacun de ces mètres carrés ?

Jean-Pierre Chabrol ;
Le Crève-Cévenne.

(8) Continuer par la grande draille du Languedoc le long de la crête. Après la ferme du Pereyret (636 m), le chemin s'élève ; peu après un réservoir (*eau potable*), rejoindre le

(9) **4 km • 1 h 15 • carrefour de GR • 765 m**

▶ En cas de mauvais temps emprunter le GR 67 B qui permet d'éviter le parcours rocheux sur la draille de la Vieille Morte.

Laisser les GR 67 A et 67 B et emprunter sur la droite la piste qui monte le plus. Traverser un arboretum et monter en crête ; passer le sommet de la Vieille Morte (920 m) et arriver au

(10) **1,5 km • 40 mn • petit col • 900 m**

▶ *Le GR 44 B descend à droite (Est) vers Saint-Martin de Boubaux.*

Continuer par le GR 67 en crête sur la draille et rejoindre les ruines de la chapelle Saint-Laurent *(vues de l'Aigoual au Lozère).*
Après le franchissement d'un mamelon, redescendre vers le

(11) **4 km • 1 h 30 • col de Canteloup • 755 m**

Jonction avec le GR 67 B : s'engager sur la petite route goudronnée sur 1 km. Prendre à gauche la draille jusqu'au

(12) **2 km • 40 mn • col du Pradel • 785 m**

> **Hors itinéraire : 0,5 km • 15 mn • Le Pradel • 720 m**
>
>
>
> Au col suivre la route à gauche.

▶ *Au carrefour laisser le GR 67 B qui suit la D 13 vers Le Pendédis et Alès.*

Traverser la D 13 et continuer par la draille sur le GR 67 vers le Malpas

(13) **0,5 km • 20 mn • petit col • 875 m**

La légende
de la Vieille Morte

En des temps très reculés, une fée avait élu domicile au sommet du Mont Mars. Cette fée avait parfois de violentes sautes d'humeur, ce qui lui avait valu le qualificatif de *"méchantasse"*.

On raconte que malgré son âge avancé, une femme veuve des environs de Saint-Germain-de-Calberte, avait commis une faute et mis au monde un enfant. Pour la punir, la fée locale la condamna à arracher de ses mains une énorme pierre des flancs du Mont des Laupies et à errer sans trêve jusqu'à sa fin, avec son enfant, son fardeau et son âne. Lourdement chargée la vieille part, mais l'enfant trop frêle encore pour supporter les fatigues d'un tel voyage, meurt bientôt au col dénommé Plan-de Fontmort (d'éfont mort).

Continuant sa course que rien ne devait interrompre, la pauvre femme s'engage dans la vallée où coule le ruisseau affluent du Gardon de Saint-Germain. Arrivée au sud du village, elle veut franchir la rivière, mais l'âne perd pied et se noie d'où le nom de Négase (noie âne) qui est restée à ce lieu.

Poursuivant péniblement son chemin, écrasée sous le poids de sa pierre, la vieille entreprend l'ascension de la montagne. Avant d'atteindre le sommet, épuisée, elle abandonne son fardeau, pour aller tomber et mourir sur la montagne qui porte aujourd'hui le nom de la "Vieille morte" : un rocher est encore désigné sous le nom de "Pierre de la Vieille".

Châtaigneraie sur la montagne de la Vieille Morte. *Photo F. de Richemond.*

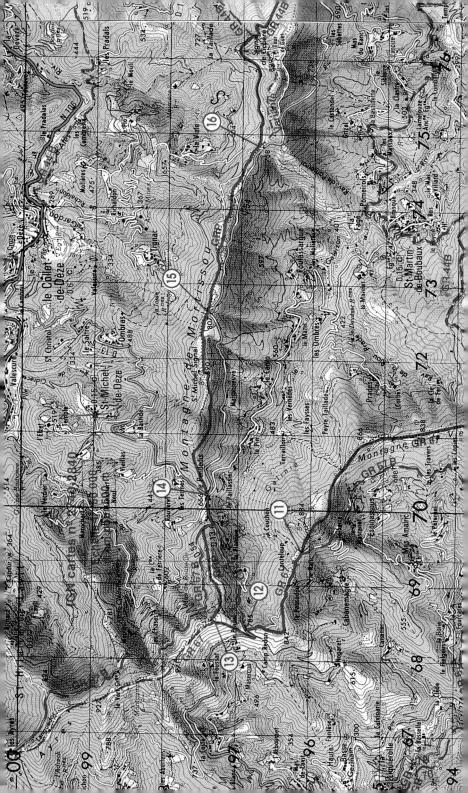

Par le GR 67 : 3,5 km • 1 h • Les Ayres • 780 m

Suivre la ligne de crête au Nord-Ouest (*points de vue : par beau temps on apperçoit nettement les Alpes, la mer, les monts du Cantal...)* et atteindre par la draille le gîte.

⑬ *Quitter le GR 67* et suivre à droite le *balisage jaune-rouge*. Descendre vers la D 54, suivre sur la route le GR 67 B à droite *(balisage blanc-rouge)* et rejoindre

⑭ **2 km • 40 mn • Le Pendédis • 666 m**

Au carrefour à la sortie du hameau, prendre le sentier s'élevant derrière le petit bassin *(balisage jaune-rouge)*. Après une rude montée, prendre à flanc vers l'Est et rejoindre une piste forestière, passer sous le signal Saint-Michel *(antennes radio)* et arriver près de la D 54 à un

⑮ **4 km • 1 h 15 • petit col • 807 m**

Abandonner la piste qui rejoint la route pour continuer en crête, sur le Mortissou, par une ancienne draille *(Sur les deuxième et troisième mamelons, à proximité de pylônes EDF, sépultures préhistoriques)*. Rejoindre une piste, la suivre à droite et atteindre le

⑯ **3,5 km • 1 h 15 • carrefour de la route de La Viale • 758 m**

Par la variante : 2 km • 45 mn • signal de Lichère • 899 m

Traverser le carrefour, s'élever par un sentier *(balisage jaune-rouge barré)* ; suivant l'arête rocheuse, puis à travers bois pour rejoindre une piste forestière. Continuer au plus près de la crête et arriver à la tour de guet du signal de Lichère *(vue dégagée sur toutes les vallées environnantes)*.

Pour rejoindre le circuit (à sa jonction avec le GR 44 B), prendre une petite sente très pentue, qui part, versant Nord, du carrefour situé sous la tour de guet.

(16) Faire 500 m sur la route de La Viale, et prendre une large piste forestière. Après 1,5 km, *jonction avec le GR 44 B*. Le suivre à droite *(balisage blanc-rouge)*, descendre sur la D 32 et arriver au carrefour du

(17) **4 km • 1 h • col de La Baraque • 631 m**

Prendre, à coté du transformateur la route forestière au Sud-Est. Contourner le Fieillas par l'Est ; poursuivre vers le Sud-Ouest sur le versant Nord-Est du Serre et redescendre sur un col (619 m).
Emprunter vers le Sud-Est une piste sur 500 m. Prendre un sentier pour franchir la crête et rejoindre le

(18) **5 km • 1 h 30 • carrefour de Lamelouze • 556 m**

> **Hors itinéraire : 1 km • 15 mn • Les Appenets • 500 m**
>
> 🏠
>
> Continuer sur le GR 44 B qui descend sous la route, dans les châtaigniers. Passer à proximité du complexe funéraire de Peyraube *(700 ans av. J.-C.)*. Suivre ensuite à droite une petite route goudronnée jusqu'au gîte *(arrivée de la variante, voir page 53).*

Quitter le GR 44 B et suivre le balisage jaune-rouge : traverser le carrefour, faire 300 m et rejoindre un large et très ancien chemin. Par celui-ci, passer au dolmen reconstitué du Ron Troucat ; descendre rejoindre un carrefour de pistes forestières à proximité de la D 32 et prendre la piste partant vers l'Est pour arriver à

(19) **3,5 km • 1 h • la Croix des Vents • 339 m**

Traverser le carrefour en direction de Cendras. Juste après la maison, s'engager sur la piste DFCI (défense contre l'incendie) qui permet de rejoindre la crête non loin de Glanière le Haut. Après un parcours dans les chênes verts retrouver la châtaigneraie et arriver à

4 km • 1 h 15 • Les Serres • 315 m

Châtaigneraies

Châtaignes. *Photo F. de Richemond.*

L e châtaignier germe et croît spontanément, entre 500 et 900 m d'altitude, sur sol schisteux ou granitique, mais son extension en Cévennes a été obtenue par une culture systématique : des dizaines de milliers d'hectares ont été plantés, entretenus puis "recépés" en sélectionnant les brins qui poussent spontanément après une coupe. Aujourd'hui des surfaces importantes, laissées incultes, forment des taillis (les *"bouscas"*) mais autrefois ces arbres étaient greffés pour obtenir des variétés sélectionnées. Le PNC a implanté trois conservatoires de variétés de châtaignier, dont deux dans l'Aigoual. Les fruits récoltés étaient séchés (pour la conservation) et constituaient une part importante de l'alimentation humaine. Ils nourrissaient aussi le bétail... Tout l'arbre était exploité : les feuilles, données en aliment ou en litière, les jeunes pousses pour la fabrication des paniers, le bois pour les meubles et les charpentes, etc. Le châtaignier, pivot d'une culture et d'un mode de vie, est intégré comme un élément fondamental de l'identité cévenole. Mis à l'écart par l'évolution historique, les châtaigneraies sont aujourd'hui à l'abandon : les branches mortes, les troncs creux, les écorces crevassées par l'endothia (un champignon qui provoque l'apparition de chancres) marquent la fin d'une époque. L'étendue de la châtaigneraie régresse devant les

Châtaignier en fleur.
Photo F. de Richemond.

reboisements productif de résineux ou devant la reprise spontanée de la végétation naturelle, mais elle n'est pas prête à disparaître... La vigueur des rejets qui poussent des souches coupées, et même, dans certains secteurs, celle de l'ensemencement naturel, en témoignent.

Michelle Sabatier – PNC.

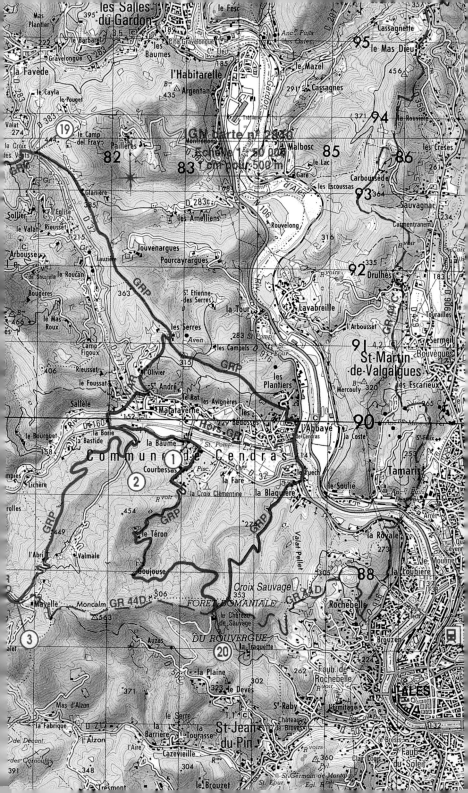

Par la variante : 2,5 km • 45 mn • La Baume • 155 m

Suivre le *balisage blanc-jaune* et descendre vers le Sud par l'Olivier, Malataverne vers le Galeizon.
Franchir le Rieusset au niveau du cimetière, emprunter la D 227 jusqu'au Pont des Camisards, puis la D 160 jusqu'à la Baume.

Abandonner la piste au carrefour pour un chemin partant vers le Sud-Est. Sentiers et pistes alternent jusqu'à

3 km • 1 h • l'abbaye de Cendras • 147 m

▶ En empruntant la D 32a à droite, on peut rejoindre en 30 mn La Baume.

Gagner par la D 916 un pont, franchir le Galeizon.
Continuer sur la route à gauche sur 300 mètres, jusqu'à l'entrée de La Blaquière. Prendre alors à droite, la petite route qui passe sous le Puech *(Tour à signaux)*. Au carrefour, traverser la route et prendre la piste en contrebas.
500 m plus loin, prendre un petit sentier et monter jusqu'à la Croix de Sauvage (331 m).
Emprunter à droite le GR 44 D *(balisage blanc-rouge)* sur 300 m pour arriver au

㉜ 3,5 km • 1 h 15 • château de Sauvage (ruine) • 335 m

▶ Par le GR 44 D, on atteint en 1 h le Moncalm *(point de vue sur Alès et ses environs)*. En le continuant, vers l'Ouest, on peut rejoindre le GRP au col de Mayelle en 30 mn.

Suivre le *balisage jaune-rouge* et prendre la piste DFCI (défense contre l'incendie) vers le Nord. Passer par Goujouze, le Téron, Clémentine et Courbessas pour gagner

6,5 km • 1 h 30 • La Baume • 155 m

Protestantisme
et monde cévenol

L'étonnante culture du Cévenol doit beaucoup à son protestantisme, même si, par ailleurs, la montagne est invitation à la connaissance. Témoin le département des Hautes-Alpes, traditionnellement fournisseur d'instituteurs. Pour lire la Bible, ne faut-il pas être alphabétisé ?

De cette culture témoigne le goût pour la lecture : de simples paysans discutent d'ouvrages d'érudition. Dans les intérieurs très pauvres, on conserve pieusement une petite bibliothèque : « Ici, les livres, on ne les jette pas ». On est aussi attaché aux vieux documents, car l'écrit à valeur sacrée : il n'est pas rare de trouver chez des familles modestes des papiers remontant aux 17e et 18e siècles, sinon au-delà.

Le protestantisme et la résistance religieuse ont par ailleurs profondément marqué la sociologie cévenole, et notamment la sociologie électorale. Le républicanisme cévenol trouve son origine dans les structures de l'église réformée qui s'est organisée sans "notable", dans l'indépendance complète de la hiérarchie sociale et contre l'autorité établie. Cette expérience de démocratie religieuse a préparé les Cévennes au non-conformisme et à la démocratie politique.

Le protestantisme a enfin obligé le monde cévenol à s'ouvrir à l'extérieur, les impératifs culturels et religieux rejoignant les nécessités économiques. Ce petit peuple vécut très tôt à l'heure de l'Europe et il se découvre aujourd'hui de lointains cousins partis il y a trois siècles et qui recherchent aujourd'hui un enracinement cévenol.

Le prestige de ce pays est grand : il ne fascine pas que les Protestants français ou étrangers : pour beaucoup, il symbolise le triomphe du "petit troupeau" d'Israël sur les puissances de ce monde.

Ph. Joutard.

Le Galeizon.
Photo F. de Richemond.

La Haute Vallée du Galeizon. *Photo F. de Richemond.*

Tour de la Haute Vallée de la Cèze

Ce GRP, essentiellement en crête, face au Mont-Lozère, permet de visiter plusieurs églises romanes, deux châteaux féodaux et de nombreux villages perchés.

Aujac • 501 m

① Au carrefour de la grande route, prendre la D 320 sur 200 m et suivre le *balisage blanc-rouge du GR 44 A.*

② Empruner à droite un chemin goudronné qui conduit au château du Chaylard *(11e siècle).*
De ce chemin, prendre à gauche, avant le château une sente escarpée. Grimper jusqu'à la crête ; *laisser à droite le balisage du GR de Pays* et suivre le GR 44A au Nord vers le

③ **3 km • 1 h • Col du Péras • 771 m**

Traverser pour suivre, à droite, un chemin parallèle à la D 320 jusqu'à

1 km • 20 mn • Bonnevaux • 724 m

Eglise romane 11e siècle ; abbaye de Notre-Dame-de-Bonnevaux (ruines) à 3 km par D 320.

Suivre l'unique rue du village ; à la croix, prendre à gauche la draille qui monte en crête rejoindre la route forestière. La suivre à droite jusqu'à

8 km • 2 h 40 • Malons • 837 m

Eglise romane en granit du 11e siècle.

Laisser le GR 44A rejoindre le GR 44 à la croix de la Rousse vers le Nord-Est ; suivre le balisage jaune-rouge et prendre la route de Bresis (D 155) sur 1,5 km.

④ Prendre à droite un sentier et descendre en longeant la piste que l'on recoupe par endroits vers

3,5 km • 1 h 10 • Bournaves • 562 m

Les églises romanes de la Haute-Cèze

Votre périple à travers la Haute Vallée de la Cèze vous permettra d'admirer plusieurs églises romanes (ou leurs vestiges !). C'est ainsi qu'au Nord-Est de Bonnevaux se trouvait le prieuré de Notre-Dame de Bonnevaux (9e siècle) que certains historiens ont qualifié d'abbaye. Il a été abandonné en 1560 et il n'en reste que quelques ruines : assises inférieures de l'abside, pans de murs de la nef. Au sommet du village, la merveilleuse petite église romane du 11ème siècle présente un beau clocher-peigne.

En poursuivant vers le Nord, vous pouvez admirer la belle église de Saint-Pierre de Malons, beaucoup mieux conservée ; Malons est le village le plus septentrionnal du département du Gard, perché à 837 m d'altitude, au bord d'une draille provenant de l'Uzège et bifurquant, à cet endroit, vers le Mont-Lozère et le plateau de Montselgues. Construite d'un mélange de schistes et de grès gris-blanc, Saint-Pierre de Malons est surmontée d'un clocher-peigne à deux arcades ; les deux chapelles et la sacristie ont été rajoutées au 19e siècle.

Pour l'église de Saint-Martin-d'Aujac, le maître d'oeuvre a eu la chance de disposer sur place de carrières d'un grès grisâtre bien plus facile à traiter que le schiste. Bâtie à l'origine sur plan simple, avec une nef plus haute que l'abside et que la travée de choeur, l'église a été alourdie, en 1483, par l'adjonction de deux chapelles

latérales. Au pied de l'église se trouve un charmant petit cimetière ; situé sur un replat surplombant la vallée de la Cèze, le village d'Aujac est composé de belles bâtisses (certaines envoie de restauration) et se trouve dominé par le Château de Chaylar, bâti aux 11e, 12e et 14e siècles en bel appareillage, toujours habité ; le corps de logis du 12e siècle aéré de fenêtres à meneaux, conserve une belle tour ronde avec chemin de ronde et machicoulis (16e siècle).

L'église de Notre-Dame de Sénéchas date du 12e et du 14e siècles ; sa restauration est récente, sur l'initiative du regretté abbé Jean Roux ; elle dépendait aussi des moines de Bonnevaux.

Enfin, à proximité de l'itinéraire du GRP, se trouve l'église carolingienne romane de Peyremale (de 9e et 11e siècle), construite en schiste et située sur un éperon surplombant le confluent de la Cèze et du Luech ; à l'intérieur, se trouvent des tableaux attribués à Raphaël et David.

E. Bosc, d'après P. Clément ;
Eglises romanes oubliées du
Languedoc.

Eglise de Bonnevaux. *Photo F. de Richemond.*

Bonnevaux
et l'art roman cévenol

Carrefour millénaire des civilisations du littoral et du Massif Central, la haute Cézarenque a vu naître autour de Bonnevaux une synthèse du roman méridional, avec ses nefs simples et élancées, et du roman des hautes terres, avec ses clochers-peignes. Cet âpre massif montagneux, aux vallées profondément encaissées, a été au 12e siècle l'épicentre d'une floraison d'églises qui, pour avoir été oubliées par tous les ouvrages majeurs consacrés à la région, n'en représentent pas moins un des courants les plus originaux, à tel point que l'on peut parler d'un véritable art roman cévenol.

L'apport méridional est étayé par la présence, à Bonnevaux, des chanoines de l'ordre de Saint Ruf. Cette congrégation, qui avait vu le jour en Avignon l'an 1036, avait adopté, comme les Prémontés, la règle de Saint Augustin. Elle avait ensuite choisi l'île de l'Eparvière à Valence comme centre de rayonnement. Autour d'elle s'était développée une authentique nébuleuse de plus de cinq cents églises.

L'ordre de Saint Ruf était particulièrement bien implanté dans le diocèse de Viviers et son apparition en haute Cézarenque se situe dans sa phase d'expansion.

P. Clément ;
Eglises romanes oubliées du
Languedoc.

Poursuivre sur le sentier vers le Sud, contourner Bournavettes par le haut, puis descendre dans les châtaigniers pour traverser le ruisseau sur une passerelle. Du moulin un bon chemin forestier conduit à

3 km • 1 h • Ponteils • 552 m

Vue sur la chaîne du Mont Lozère.

A 300 m sous le gîte, descendre au Sud-Est par un sentier, franchir le ruisseau sur une passerelle.et monter en passant au hameau du Ronc à

2 km • 40 mn • La Lauze • 538 m

Suivre le chemin goudronné vers la D 155, descendre par la route sur 500 m.

⑤ Après un petit pont, et avant un carrefour, prendre à droite un sentier de crête parallèle à la D 155. Descendre en suivant le sentier de crête : couper la route puis traverser le hameau de La Plane pour arriver au Goudet.
Au hameau, descendre par le goudron sur 300 m.

⑥ Prendre dans un virage un sentier sur la gauche. Franchir l'Hivernette sur l'ancien pont et suivre sa rive gauche sur 300 m. Prendre à gauche un chemin charrettier mènant en 2 km à

3,5 km • 1 h 10 • Salveplane • 528 m

Prendre à droite à la sortie du village (vers le Sud) l'ancien chemin d'Aujac. Après 1,5 km suivre la D 51 jusqu'à

2,5 km • 1 h • Aujac • 501 m

Emprunter derrière l'église la draille *(bretelle d'Aujac du GR 44 A, balisage blanc-rouge)* qui descend au Sud sur 1 km, emprunter ensuite la route sur 500 m.

⑦ Au carrefour, *quitter le GR 44 A* et suivre la route à droite *(balisage jaune-rouge)* sur 50 m. Prendre à gauche un sentier muletier. Atteindre en 1 km le

⑧ **3,5 km • 1 h • Moulin du Roure • 270 m**

Franchir la rivière sur un vieux pont de pierres et poursuivre sur le sentier muletier jusqu'à

1 km • 20 mn • Sénéchas • 445 m

Eglise romane, fontaine.

Depuis le centre du village, descendre (à droite) par un sentier vers le ruisseau de l'Homol ; le franchir par un petit pont. Remonter ensuite le vallat de Logier et atteindre

2,5 km • 1 h • Tarabias • 471 m

Hameau perché, vue sur le Mont Lozère.

> **Hors itinéraire : 1,5 km • 30 mn • Le Chambon • 251 m**
>
>
> Emprunter un sentier descendant fortement au Sud-Ouest *balisé jaune-rouge*.
> Le chemin du retour est identique jusqu'à Tarabias.

A Tarabias, prendre à droite la D 17, l'emprunter en corniche sur 2,5 km. Couper le virage en épingle par un raccourci et suivre la route sur 500 m.

⑨ Prendre à droite un sentier et descendre sur

5 km • 2 h • Le Mas Herm • 201 m

> **Hors itinéraire : 1 km • 15 mn • Peyremale • 220 m**
>
> En traversant le pont sur le Luech, on peut aller visiter l'église romane de Peyremale *(9e-11e siècle)* située sur un piton dominant une boucle de la Cèze.

Traverser la D 17 et descendre franchir la Cèze, puis emprunter l'ancien chemin de Bordezac qui serpente à flanc de coteaux dans les pins

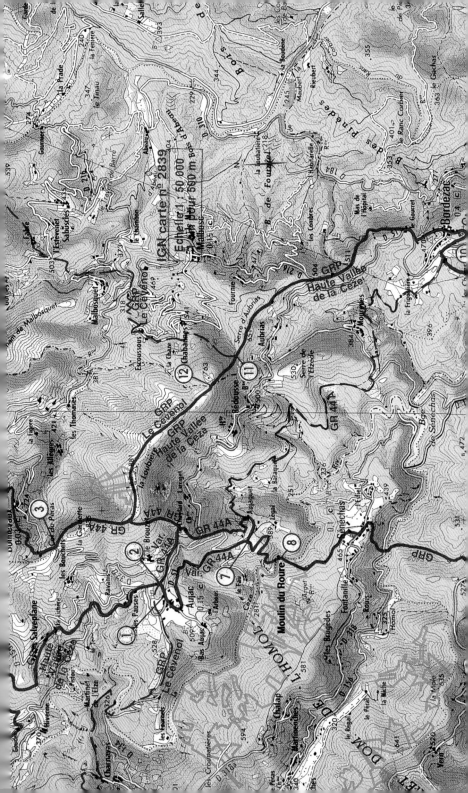

⑩ **Hors itinéraire : 1 km • 15 mn • dolmen • 442 m**

Dolmen à demi enfoui.

Prendre à gauche un chemin qui mène au dolmen.
Retour selon l'itinéraire d'accès.

Rejoindre la route ; suivre le GR 44 A *(balisage blanc-rouge)* à droite sur 500 m et le quitter à la croix pour monter vers le village *(balisage jaune-rouge)*.

2,5 km • 1 h • Bordezac • 454 m

Emprunter la route sur 1 km au jusqu'au Gouret. Suivre un chemin de crêtes vers le Nord.
Après 2 km , traverser la D 216 à la Fremigère ; poursuivre par le chemin sur la crête, franchir la serre d'Aubrias (651 m), puis passer un col.

⑪ *Jonction avec GR de Pays "Le Cévenol"* (parcours commun jusqu'à Aujac), monter à gauche vers le Bartas par son flanc Sud jusqu'au

⑫ **6 km • 2 h • col • 750 m**

Suivre le sentier le long de la crête de la Loubière (881 m) jusqu'à l'embranchement de Bonnevaux.
Redescendre à gauche en passant par le Château du Chaylard pour arriver à

4 km • 1 h 10 • Aujac • 501 m

L'or des Cévennes

L'or de la Gaule était renommé dans l'antiquité à tel point qu'elle avait reçu le nom de "Gallia Deaurata", Gaule dorée. Les Gaulois savaient extraire l'or natif des alluvions et des sables des rivières. Les habits de leurs chefs étaient ornés d'or et d'argent. D'après Jules César, on trouvait de l'or dans la plupart des cours d'eau issus du Massif Central.
A l'époque gallo-romaine, les exploitations aurifères se développèrent et les Cévennes comptaient comme une région des plus productives. C'est dans le bassin houiller qu' il faut rechercher le gisement des paillettes d'or roulées par le Gardon, la Cèze, la Gagnières. Ce sont les conglomérats schisto-quartzeux, à la base même du houiller, qui recèlent le précieux métal. Lorsque ces conglomérats sont désagrégés par les cours d'eau, ils abandonnent aux courants les quartz et les terres aurifères qu'ils contiennent. Quelques ateliers d'orpailleurs ont survécu jusqu'à notre époque.

R. Aubaret

Tour de la Haute Vallée du Luech

Vallée située au Sud-Est du mont Lozère, s'ouvrant sur la Cèze, la Haute Vallée du Luech dégringole rapidement de Saint-Maurice de Ventalon (983 m) à Chamborigaud (309 m), en séparant le massif granitique du mont Lozère des crêtes cévenoles schisteuses.

Chamborigaud • 297 m

🏠 ⛺ 🛒 🍴 ☕ 🚃

① Partir depuis la mairie, longer la D 906 en direction de Génolhac.

② Dans le virage, prendre à gauche la direction du stade, dépasser celui-ci et descendre par un chemin jusqu'au ruisseau de Valmale. Franchir la passerelle pour emprunter l'ancienne voie Regordane.
③ Au hameau de Pont du Rastel *(ancienne filature)* prendre, entre les deux mas le sentier longeant le Luech jusqu'à la route de Légal.
Emprunter celle-ci à gauche le long du vallat et monter jusqu'à la ferme de

5 km • 2 h • Légal • 430 m

🏠 🛏 🍴

Suivre la piste vers l'Ouest sur 100 m puis prendre le chemin montant à droite dans les chênes et les châtaigniers et arriver au dessus de la ferme de la Cledasse.

④ Au carrefour de pistes prendre celle qui descend vers le Nord-Ouest pour la quitter aussitôt : emprunter à gauche un chemin et monter le talus.
⑤ Passer un large col et descendre rapidement jusqu'au ruisseau de Roubescu.
⑥ Le franchir, prendre le sentier à gauche et monter jusqu'à la piste carossable. La suivre à droite pour arriver à une bifurcation. Prendre à droite la route goudronnée pour arriver au pont de la Salle.
Franchir le Luech et continuer par la route ; passer les hameaux de Géripon et du Martinet puis prendre à la bifurcation la direction de Le Paysan (à gauche). Après le pont, prendre à droite le chemin de Crépon, passer le pont de la Brune et arriver à

7 km • 2 h 30 • Vialas • 650 m

🏠 🏠 ⛺ 🛒 🍴 ☕

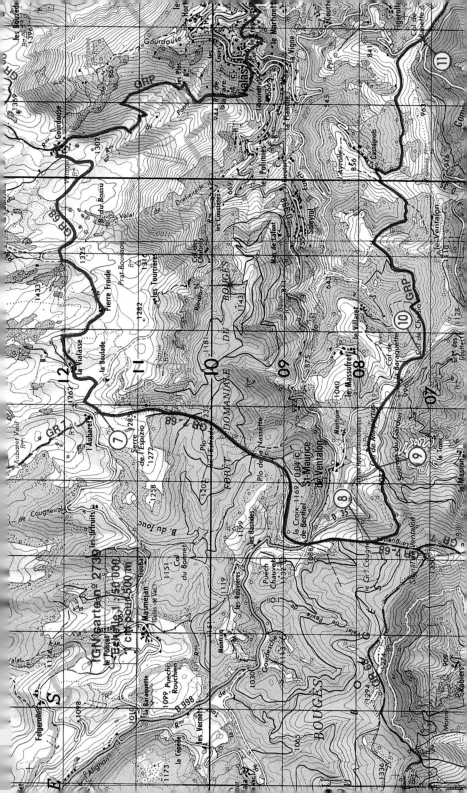

Passer entre le collège et la Poste (prendre le chemin derrière la boucherie), couper la route de Libourette, et monter dans les châtaigniers pour rejoindre la route des Plos.

La suivre à droite. Après le pont de Maret, prendre, avant la ferme, le chemin. sur la gauche. Par ce vieux chemin caladé par endroits *(vues sur le rocher des Trenze)*, arriver au hameau de

5 km • 2 h • Gourdouze • 1250 m

► *Jonction avec le GR 68*

Suivre le *balisage blanc et rouge*, à gauche, vers le Nord-Ouest.

Traverser la partie orientale du Mont Lozère, passer par les hameaux de Pierre Froide *(architecture de granit typique)*, de la Vialasse *(fabriquant de couteaux)*. Continuer par la route goudronnée sur 750 m ; la quitter et suivre à gauche le ruisseau.

⑦ *Jonction avec le GR 7 venant du Bleymard* : prendre la direction Sud et suivre la draille du Languedoc jusqu'au col de

9 km • 2 h 30 • La Croix de Berthel • 1088 m

Hors itinéraire : 1 km • 15 mn • Les Bastides • 1071 m

Descendre à droite par la route parallèle au vallat de la Subie.

Traverser la route et suivre le chemin de crête sur 1 km environ.

⑧ Laisser les GR 7 et 68 continuer en crête pour suivre le *balisage jaune-rouge* : emprunter à gauche une piste et redescendre jusqu'au col de Malpertus (1072 m).

⑨ Couper la D 35 en direction du relais hydroclimatologique et continuer vers l'Est. Traverser la route goudronnée au col de la Baraquette et poursuivre pour rejoindre le col de Chalsio (997 m).

⑩ Emprunter à gauche une piste sur le versant Nord *(vues sur le Mont-Lozère et les rochers de Trenze)* pour arriver au hameau de Castagnols.

Gros bourg situé au pied du majestueux rocher granitique de Trenze, Vialas abritait plus de 2500 habitants à la fin du 19e siècle ; son temple, un des plus vieux temples cévenols (1612), a pu échapper aux destructions des guerres de Religion car il avait été transformé en église ; il a été récemment remarquablement rénové.

La présence de plomb argentifère a permis le développement économique de Vialas et de ses hameaux environnants durant le 18e et le 19e siècle : de 1781 à 1894, les mines argentifères emploieront jusqu'à près de cinq cents ouvriers ; lors de la fermeture des mines, certains d'entre eux rejoindront les zones d'extraction du charbon (la Vernarède, la Jasse, Portes…).

A la fin du 19e siècle, Vialas était célèbre par ses mines de plomb argentifère, mais aussi par son guérisseur dénommé Vignes que l'on venait consulter de très loin, de la France entière et de la Suisse. D'après les auteurs contemporains, « Vignes de Vialas jouit d'une honnête aisance ; protestant fervent, il ne parle que par proverbes et sentences tirés du Nouveau Testament ; il n'accepte jamais de rétribution ; il ne reçoit jamais qu'une heure par jour, réunissant tous ses malades (une quinzaine par jour) leur adressant des paroles de foi qui peuvent se résumer en ces quelques mots : "Croyez et vous vivrez". Il répète cinq ou six fois son petit sermon, puis il s'adresse individuellement à

Vialas

Le gisement de Vialas faisait partie d'un ensemble plus vaste constituant les Mines Royales de Vialas et Villefort ; le minerai, extrait à Vialas, était transporté à Villefort où se trouvait la fonderie (en passant par le col de Montclar). Les mines de Vialas produiront ainsi de 1850 à 1894, deux mille tonnes de plomb et cent tonnes d'argent, la production atteignant le quart de la production française. L'épuisement des filons et la chute des cours de l'argent entraîneront la fermeture progressive des mines (1894).

A. Bastide.

Le guérisseur de Vialas

chacun et leur ordonne de faire des mouvements s'il s'agit d'un paralytique ; s'il a devant lui un sourd, il lui ordonne d'écouter, leur promettant finalement une guérison complète. » Dans l'année 1895, c'est par centaines que les Suisses des cantons allemands se sont rendus en pèlerinage à Vialas, si bien que la compagnie P.L.M. a été invitée à faire des "trains de plaisir" entre Genève et Génolhac, gare qui dessert Vialas.

E. et G. Gord et A. Vire ;
La Lozère, guide du touriste, du naturaliste et de l'archéologue.

Temple de Vialas Photo F. de Richemond

8 km • 2 h 30 • Castagnols • 790 m

Tourner à droite, passer entre deux maisons et se diriger vers le Sud puis vers l'Est sur le versant Nord du Ventalon. Arriver sur une route communale au

⑪ **3 km • 45 mn • col de Banette • 846 m**

> **Hors itinéraire : 2 km • 30 mn • gîte de Figerolle**
>
>
>
> Suivre la route ves le Nord.

Suivre la ligne de crête du Serre de Banette, passer le col de Clerguemort (840 m) et rejoindre la D 35 au hameau de la Destourbe.
A la sortie du hameau, monter entre deux murs pour entrer dans la forêt de l'Homol, passer par le hameau de Coudoulous (*sous les ruines du château de Verfeuil)* puis rejoindre la D 35 au lieu dit

5 km • 1 h 30 • Le Refuge • 721 m

✕ ☕

Traverser la D 52, emprunter à droite l'ancienne route longeant la D 35 jusqu'au

⑫ **1 km • 15 mn • col de La Baraque • 669 m**

▶ *Jonction avec GR 44 B.*

Traverser la D 52 et suivre le *balisage blanc-rouge* vers l'Est et passer au dessus de la ferme de la Baraque.
Couper la route de Valmale, suivre la draille jusqu'à un carrefour.

⑬ *Quitter le GR 44B* et prendre un large chemin *balisé jaune-rouge* à gauche (plein Nord). Passer à côté d'un réservoir d'eau, descendre dans les pins et les châtaigniers jusqu'aux premières maisons des Bories. Suivre la route goudronnée à droite jusqu'à

5 km • 1 h 30 • Chamborigaud • 297 m

Index des noms de lieux

Aire de Côte......................... 43
Appenets (les).................. 53, 63
Aujac........................71, 75, 79
Auzillargues....................... 47
Avèze................................31
Ayres (les).......................... 61
Baraque (col de la)............... 63
Bastides (Les).................... 83
Baume (La).................... 51, 67
Bez-et-Esparon.................... 23
Bréau................................23
Campmau....................... 53
Cap de Côte........................27
Castagnols....................... 87
Cendrars (l'abbaye de)......... 67
Chambon (Le).................. 77
Chamborigaud............... 81, 87
Faveyrolle...................... 43

Figerolle (gîte de).............. 87
Légal............................. 81
Malons........................... 71
Marquairès (gîte du)........... 39
Mialet (petit col)..................51
Montdardier.................. 23, 31
Pendédis (Le).................... 61
Plantiers (Les)....................47
Pompidou (Le).................... 39
Ponteils............................ 75
Pradel (Le)....................... 57
Refuge (Le)....................... 87
Salagosse......................... 27
Saint-André-de-Valborgne...... 35
Sénéchas......................... 77
Tourgueille (gîte de Robigès)... 35
Vialas............................. 81
Vigan (Le).........................31

Coordination générale : Dominique Gengembre. **Secrétariat de rédaction** : Philippe Lambert. **Cartographie et fabrication** : Olivier Cariot, Christiane Fantola, Lionel Mor, Jérôme Bazin, Fabien Phelippot, Nicolas Vincent.

1ère édition : juin 1996
Auteur : FFRP-CNSGR
© FFRP-CNSGR 1996 - ISBN 2-85-699-648-5 © IGN 1996
Dépôt légal : juin 1996
Compogravure et impression : Corlet s.a., Condé-sur-Noireau